月影 이순옥 제2시집

하월가

何月歌

시인의 말

나의 내면을 비추는 거울이 있다면
먼저 내가 있어야 하지 않을까

레일 위의 인생
힘든 삶을 선택한, 아니
힘든 삶이 나를 선택한 건지도 모르겠지만
얼어붙어 있는 듯하나
나의 내면은 늘 활활 타는 불이 아니었나 싶다

사랑을 속삭이고, 언약을 맹세하며
이별에 통곡하고, 그리움에 몸서리치는
내 영혼을
언어의 저울에 달아

봄이 되고, 여름이며, 빛나는 가을
하얗게 변화하는 겨울까지
마음 내키는 대로 종착역 없이 출발했다
간이역에 잠시 머물기도 하는.

갑작스럽게 맞닥뜨리는 산과 바다
휘파람 소리를 내며 부는 바람이며
산봉우리를 휘돌아 내려온 돌풍이기도 한
일그러진 허상을 반사하는 나의 거울

하루하루 내 인생의 애필로그를 써
머릿속의 창을 열면
종이에 인쇄된 글자가 아닌 새로운 지평 위에
밤을 밝히는 달을 본다

내 영혼과 감정의 화해를 시도하는
마음속의 문자를 수놓는 일은
참으로 즐겁고도 신명나는 작업이다

2012년 10월의 마지막 밤

이순옥 삼가 씀

| 차례 |

제 2부 | 위험한 수작

제3부 | 해빙

제 4 부 | 죽은 시인의 사유

제5부 | 내게 가는 길이 없다

작품해설

제1부

하월가(何月歌)

하월가(何月歌)

친친 감겨 풀어낼 수 없는
비애
한 생애 눈물 가득
잔물결 출렁이는 달빛 아래 서면
서럽도록 엎디어
함께 흐느끼는 바람

어디로 가나
길어진 시간 아득해질 때까지
정처없는 허청걸음
아슴히 빛나며 눈물짓는
나의 별

잊자고 맹세해도
매듭 한 가닥 풀려
자꾸만 님 계시는 쪽으로
부등호가 모이면
손바닥에 뚜렷이 그어진
운명의 촉감을 움켜쥐고
모든 소망, 한 줄에 묶어 평안을 빌리라

혼자인 나 싫어도
홀로일 수밖에 없는 이 밤
한 생애 폭삭 졸아든 어둠
방안에 부려놓고
내 생의 1차선, 밤길에 달려가면
그대 발 앞에 이를 수 없겠나

삶이
예기치 않은 시련에 흔들려도
살아선 비익조
죽어선 연리지이길

황사

허공에 가면을 씌워
작렬하는 빛의 세상 차단해도
마음 깊숙한 곳
감춰놓은 고독은 어쩔 수 없다

너무나 사람이 그리워
무작정 전철을 탔다는 어느 여인.
글이 글 같잖아 속이 상한다는
어느 시인의 푸념
보고파도 그리워도
이젠 기억 속의 사람이 되어버린
너!

심장은 비명을 지르며 부서져 가도
미소 지을 수밖에 없는
내 마음이 나를 속이고 있었던가
내가 내 마음을 속였던가

소리없는 봄의 통곡

어떤 情

한결 같은 레퍼토리의 굴레를
겉돌던 무언가가 궤도를 이탈하고 싶을 때

물비늘 같은 슬픔
심장을 적시고
미움도 증오도 아닌
단지
연민의 느낌으로만 남을 땐
하늘 구름 바람 영혼이 함께
자유로이 떠도는
욕쟁이 할매집으로 향한다

"이 씨부럴년이 뭔 지랄한다고 발길이 이리 뜸하냐
옜다, 동동주 한 사발 받아라 얼른 처먹고 나도 한잔 줘봐
청승 고만 떨고
술 처먹고 싶으면 언제든지 와."

특별한 안주가 뭣이 필요하랴
철철 넘치는 욕 한 사발에 정 한 접시면
세상 시름 접어 둔 이곳에선
잠시 자유로운 영혼이 되는 것을
퇴색해 제 빛을 잃은 백자처럼
내 것 아닌 마음을 덜어낸다
정 한 움큼 꼭 움켜쥐고

청계천아리랑

허기진 삶을 뒤돌아 본 인생은
기다리다 지친 세월 속 인연으로
기억되길 바라진 않는다
동전 한 닢 없어도
햇살 한 아름 그리움 한 아름 있다면
사랑이란 이름으로 언제나
찬란한 아침 햇살을 맞으리

낙조가 아름답던 어느 간이역.
세상에서 가장 아름다운 널
사랑한다고 고백했던
5월의 유서를 가슴에 품은
양파 속 같은 당신

그리움 파도처럼 밀려오는 날
갈바람에 그리움 실어 보낸
내 마음의 편지를 읽지 않은 한
우수처럼 흩날리는
장미의 눈부신 몰락을 보고야 말리라

과거는 그리움의 덫을 놓고
영혼이 맞닿는 곳에서 울려나오는 하모니
여전히 들려주나니
아! 어쩔거나
운명으로 정해진 어둠의 낙인이여
영혼이 타들어가는 고독
켜켜이 내려앉아 옥죄는 외로움을

그래, 가을이라고 다 붉을 필요없다
밤비 공간의 틀에 갇혀
속절없이 울어도
斜視의 마음으로 이어도를 볼 수 있다면
청계천 야경 속에도 아름다운 미래
등대를 찾을 수 있으리니

술을 마시는 이유. 3

보고픈 마음뿐이었으리
한없는 외로움 탓이었던지
인생살이가 컵라면 하나로 만족한다면
왜 쓰디쓴 소주를 만들었을까

과거의 빗장을 열고
생각의 올가미에서 벗어나면
모든 것은
아픈 세월의 흔적
한잔 하사이다
한잔 하사이다
사진 같은 기억력을
검푸름으로 빛나는 이 슬픔들을 위해

노을이 사라지면
그 속에 깃들였던 사연들이
고인 어둠 속을 빠져나가지 못하고
네 인생 위에 휘청거릴지라도
눈빛에 그늘이 있고
미소에 온기가 있다면
아직 살만 한 세상인 것을
자! 친구여 잔을 들어라

술을 마시는 이유. 4

부엌에 가면 며느리 말이 옳고
안방에 가면 시어머니 말이 옳소

며느리보고 술 한 잔 청할까
시어머니보고 술 한 잔 청할까
차라리
내 잔에 내 양심을 넣어 마심이 좋지 않겠소

광택을 잃어버린
음력 열이레의 달이
서로 불신을 품은 가슴을
어루만져 보지만

이미
혀와 두뇌를 마비시켜
그 누구도 들여놓지 않았던 심장에 균열을 만들고
헤집고 파고들어
절박함과 아픔을 불어 넣어버린 뒤

사랑
우정
신의
그리고 회복할 수 없는 명예 앞에
내일이라는
단어조차 생각하기 싫지만
하나의 여행 끝에는 새로운 여행이 기다리고 있듯이
끝없는 침묵과 마주앉은 지금
언젠가는
진실을 안주 삼아
한잔 할 날도 있으리

술을 마시는 이유. 5

무엇이 바빠 그리 갔는가
잔 들고 하염없이 그대 생각하네

두 눈에 흐르는 것은
눈물이 아니라네
그대 그리는 눈물이 아니라네

가슴 터지는 이 외로움을
어이 감당하라고
어허! 친구야 그리 가버리는가

지금 마시고 있는 것은
술이 아니라네
그대 그리는 그리움이지

지금 마시고 있는 것은
술이 아니라네
나 홀로 남은 외로움이지

술을 마시는 이유. 6

스쿨버스를 타고 등교하는 견공님
사회화교육과 지능교육을 받으며
인간의 시중을 받는단다
러닝머신에 예절교육까지
하루 8만 원
그래도 매일 초만원이란다

여름에도 며칠 돌리지 않은
선풍기를 다시 꺼내
팍팍한 일용직 근로자의 설움을
바람에 털어낼 때

질병, 상해보험, 동물 전용 장례업
수영복 파티복에
고급 개 목줄 잡고 일당으로 뛰는
사람까지 있다는 뉴스보도
문득, 궂은비에
가을 낮 적시는 하늘 탓만!

술을 마시는 이유. 7

최저 임금제에 걸려
선심 쓰듯 올려 준 2만 원 3만 원에
한 달 파스 값이나 될까 쓴웃음만 흘리는데
용역으로 입사하지 않아 6년째
임금이 동결되었다는, 그가
씹어대고 있는 저 살점은
노가리가 아닌
현실을 뛰어 넘으려는 몸부림이며
세상 벽과 부질없는 싸움

잔인한 겨울
많은 이들의 희망이 속절없이 스러진다
밤을 부르는 그림자가 산속을 찾아들고
검은 구름만 몰려 와도
해묵은 상처가 욱신욱신
가슴은 한기로 가득한데
술이 나를 지배하는 시간까지만
세상을 압축기 속에 넣어 빈 깡통으로 찌그러뜨리리라
결국, 모든 것에 익숙해지게 마련
가진 것 없는 자의 또 하나의 이름
체
념

그 바다에 서면
– 애끓는 그리움의 이름 '사량도'

사랑은
수많은 얼굴로 다가오지만
그것이 모두 참이 아니라고
고통과 비탄에 가득 차
눈물 빛깔로 외치던
소리 없는 애원만
파멸로 이끈 수레바퀴를 돌리고 있다
네 인생이 중단된 그곳에서

나의 마음이
고뇌와 삶의 파도에
수선할 시계처럼 끊임없이 해체돼도
비틀어 세상을 꼬집어 뜯을
위트만 있다면
내 그리움으로 바다는 춤을 추고
나의 소리 없는 욕구는 네게 닿으리라

어둠이 땅을 덮고 구름마저 달빛을 가려
이해되지도, 반갑지도, 희석되지도 않은
네게 향한 감정
소유할 수 없는 정열

지독한 열망에 대한 모든 것들은
언제나 터널 끝의 빛이 되길
모든 감정
봉해진 우주 속에 묻어둔다
언젠가
해가 떠오를 그곳, 그날까지.

사량도: 경상남도 통영시 사량면에 있는 섬으로 한려해상국립공원의 중간 지점에 있다. 지리산, 불모산, 가마봉, 옥녀봉이 능선으로 연결되어 함께 산행을 할 수 있다.

그 바다에 가면
– 환상과 낭만이 숨 쉬는 바다 '을왕리'

석양이
마지막 빛을 포착하여
바람이 어둠을 연모하는 곳으로
우리를 인도할 때
저 멀리
자전거를 탄 소년이 지나가고
낙타가 평화로이 초원을 거닌다
하늘과 바다가 만나기로 약속한 그곳

진실이란, 늘
우리가 바라는 것처럼 분명치 않지만
카타르시스가
예의라는 이름의 얄팍한 방패를 뚫고
과거에서 해방되어
의식의 가장 깊은 곳에 묻어 놓았던
사십 년에 걸쳐 촘촘하게 짠
멋진 추억의 씨줄과 날줄을 풀어 버릴 때
날마다 돌아오는 낮의 범위와
밤의 길이를 더는 잴 수 없다
미처 언어화 되지 못한 반박으로 목이 죄일지라도

이곳에선
현실이 이상화된 추억을
이길 수 있을지 궁금해하지 마라
의식과도 같은 절차
이행하지 않더라도
짧은 만남이
그리움의 긴 파고를 이겨내리니

아! 진홍처럼 붉은 나의 죄여!
불꽃처럼 뜨겁게 스쳐갈 인연일지라도
우주와 생명과 나의 생명을 빼앗은
너와 함께함이니
마땅히 받아야 할 갈채를 누리길
오늘만은.

을왕리: 인천광역시 옹진군 소재. 인천에서 서북쪽으로 약 36킬로미터 지점에 위치한 용유도에 을왕리 해수욕장이 있다

그 바다와 인연
– 비켜간 사랑의 노래 '간절곶'

간절곶,

하이얀 등대
그림처럼 걸려있다

빛의 창살에 갇혀
망연히 바다만 바라보는 내게
긴 침묵을 깨며
망부석의 슬픈 사연을 들려주던
헤이즐럿 향기 같은 사람

습관처럼 영혼의 묵은 아픔
미처 감추지 못하고
시간이 우리를 점령해
가슴을 밟고
블랙홀을 빠져나간 기억의 파편 속
스쳐간 타인

식어버린 차 한 잔 마실 여유
그 시간밖에 없었으므로
서로 비켜가는 시선으로 또다시
낯선 이가 되었나
마음이 닿는 수평선 너머
새로운 추억을 준비하던
그 영원의 시간 앞에...

간절곶 : 우리나라에서 해가 가장 먼저 뜨는 울산시 서생군 대송리에 위치. 간절이란 명칭은 동해 먼바다를 항해하는 어부들이 동북이나 서남에서 이곳을 바라보면 긴 간짓대처럼 보인다고 해서 간절의 끝이라고 불리워졌다.

그 바다와 꿈
– 살아 숨 쉬는 천 년의 이상향 '외도'

그곳은
기억 속
상상 속에서나 찾아가는
꿈의 이어도.

첫사랑, 풋 익은 관념 속에서
제멋대로 자라
환상에 매인 우리의 끝도 없는
희망의 고리로 연결되어
얽히고설킨 그 마지막은
처음과 접해
함께할 수밖에 없는 이유
인연이라 부르며
시간의 길이
인간의 경험을 한정 짓지는 못하나
바로 기적,
삶의 일상성을 초월하는
열망 때문에
낯설지 않은
천국에서의 한 계절
역류하는 시간 속에 노래한다
영.원.히.
천 년의 이상향 꿈의 이어도에서

그 바다의 바람 도장포
– 천 년을 기다릴 사랑 '바람의 언덕'

허약하고 지친 마음의 빈터에 바람이 분다
필사적인 그리움
사모함의 씨앗이 또 발아되는지
전설처럼 아득한
시간 저 멀리 어디쯤
소금 바람이 부는 날은
네게로 가는 내 마음보다 빠른 것은 없다

운명은
어찌하여 늘 같으라 요구하는가
세월로 쌓이고 습관처럼 굳어져도
대책 없는 이끌림
억제할 수 없는 사무침을

흑백의 세계에 기약 없이 갇혀
타죽어도 여한 없을
애염의 지옥
생인손 같은 내밀한 긴장된 격정
떨리는 가슴으로 저 바람 속에
서 있을 영혼

도장포 : 일명 '바람의 언덕' 이라고도 불리며 거제도에 있음, (경상남도 거제시 남부면 갈곶리) 바다가 훤히 바라보이는 벼랑 위에서 기다리면 사랑하는 사람이 돌아온다는 전설이 있음

그 바다와 희망
– 내 삶의 이정표 '감포'

물살에 뒤채는 부표처럼
실체 없는 감정에 매달려 허비한 인생
가슴 한복판 얼음 갈라지는 소리

살아남으려면
끊임없이 나아가고 움직여야 하는 것
격렬한 지진이나 태풍 폭우
삶의 여정 중에 있는 순환이라고
생각들이 뇌 속에서 질주하며
시간의 깃발 들어올릴 때

멈춘 세월의 시계
한꺼번에 흘러
청결한 전설을 방해한다

믿음, 바라는 것의 실상이요
보지 못하는 것들의 증거라고
세상의 모든 파도를 잠재우게 한다는
만파식적
누가 부는가 이 새벽, 회오리 속

감포 : 경북 경주시 양북면 봉길리에 있으며 사적 제 158호로 지정되어 있는 문무대왕 수중릉(대왕암)이 있다.
*만파식적 : 삼국유사에 실려있는 당시 신라 왕실의 번영과 평화를 상징한 전설상의 피리

그 바다의 사랑
- 붉은 낙조 위에 펼쳐진 인연의 무늬 '월미도'

수 없이 스쳐간 전생
수많은 사연 펼쳐
홍조 띤 첫사랑의 숨결로 다가와
시간이 겹겹이 쌓인 곳

어쩌다
같이 돌아야 할
톱니바퀴들이 잠시 자리를 이탈해
살짝 어긋난 인연

언제나 생각이 더 두려웠던가
마주치면 오히려 담담한데
세월 비켜간 얼굴엔
표현할 수 없는 눈빛 흐르고

생의 운명을 통과해야
멈춰서는 필연
상념의 끝에 마침표를 찍다 시간이
시계에 맞춰 흐르지는 않을 터.

월미도 : 인천광역시 중구 북성동(北城洞)에 있는 육계도(陸繫島)이다. 지명은 섬의 생김새가 반달의 꼬리처럼 휘어져 있는 데에서 유래.

그 바다, 詩
– 끝없이 부를 노래 '정동진'

갈피 없이 부대끼는
낡은 기억을 차단하고
어깨 위에 내려앉아 켜켜이 쌓인
슬픈 분탕질도 부려놓고
가장 뜨겁게 타오르지만
너무 뜨거워 접근할 수 없는
그곳에 가자
파란 불꽃이 일렁일……,

무슨 색으로 필지 모르는
꽃봉오리 같은
봄볕처럼 나른한
여름 소나기처럼 청신한
문장이 되어 나오지 못한 단어에
생명 불어넣어 줄
그곳에 가자
인생과 시가 살아
영혼을 유혹하는 곳
하루치의 사랑과
한 겹의 마음 모아.

마지막 춤

모두
미미한 정리의 의식을 치른다
배속에 알을 낳아 6개월 키운 새끼를
세상에 내보내는 망상어 어미,
바위에 알 붙여 사십여 일을 지켜 부화한
마지막 새끼까지 망막에 담는 문어,
빛도 들어가지 않는 심해에서
종족보존의 임무를 완성한 오징어거나
여백에 찍힌
점하나도 되지 않을 부피의 삶이라도
생전 처음 맛보는 황홀한 고통은
기묘한 술렁임과
메말라 붙은 제 가슴을 깨워
적요한 공백이 지나고
생존을 위한 치열한 전쟁터에서 이제
제 몸을 바다에 내어 줄 시간.

상그리라를 찾아서
– 사랑하는 진열(조카) 결혼을 축하하며

인연의 바람에 실려
하나 된
한 쌍의 남녀가 인생을 공유할 때

심장이 하나이듯
온 정성 쏟아 가꿔야 할
운명적인 사랑도 하나뿐

금강석보다 굳건한 믿음으로
사랑받는 기쁨과
흔한 일상에서 길어올리는 행복이
믿지 못할 기적을 낳는다

끊임없이
다른 내일을 장만해 가는 하늘처럼
행복한 삶을 위해선
아름다운 꿈을 그려 나가야 하리
보이는 시야 그 경계선 너머로

자신의 잣대로
상대방을 보지 말며
비교에 의한 높고 낮음을 충고하지 않고
아플 때 서로 기댈 수 있는 버팀목 되어

바란다고 모두 얻을 수 없는,
잃긴 쉬워도 지키는 건 더욱 어려운
마음의 안식처
상그리라에 함께 도착할 때까지

바람에 묻다

마음의 집에 빈방 지어
젊은 날의 행로 뒤적여 걷다

녹슨 기억 어디쯤
아픈 강물이 흐르고
골목마다
피곤한 인생의 신음

주연도 조연도 아닌
관객으로만
영혼과 세월을 지워
걸어갈 길, 설사
기억을 닫는다 해도

바람에 묻고 싶다
비를 듣는 날
뇌리에 담기지 않고
스쳤다 싶을 정도로 낯선,
혼자서 의미를 만드는 따윈 이제.

모반, 꿈으로 이어진
– 모반의 꿈

벽에 걸어 논 날개
저승사자가 걸치더니
세월에 닳아 반질한 농짝 속에
내 꿈 구겨 넣고
달빛 맺힌 한 따선
침묵에 잠긴 몸뚱일 떠나버렸다

밤새, 예수님과 독배를 마신 몸뚱이
마지막 밥 짓는 보현보살을 만났고
법당에서 뛰노는 아기 부처와
몇백 년 묵은 먼지를 뒤집어쓴
지장보살과 숨바꼭질하는
내 지나간 삶을 보았다

뼈가 시린 자유
황홀한 절망 딛고 탈출한, 이미 소가 돼버린
몸뚱일 잡고 있는 또 다른 날 만났으나
간밤에 왕이 되었던,
옥좌에 앉아야겠노라 큰소리친
난 거기 없었다

그래 별일이 아니다 하나의 밤이 끝났을 뿐
한번은 출발지점에 다시 서야할 때가 있는 것
자욱한 아침 안개 속에 드문드문 드러난 나무 등걸처럼
내 희망이 고립된 섬일망정 떠다닐 때
다시 한 번 모반을 꿈꾼다
바로 지금이라고.

낙하하는 오후

바람에 흔들리는
갈잎 같은 생(生)으로 서있는
모든 신경에 빗장을 건 당신

위기의 순간
언제나 올바른 결정을 내려
마른 먼지 같은
아픔이 묻어나는 말

강철도 뚫는
세월의 빗방울
정제된 고요 깨지기 직전
침묵만 지키다 욕망도 고통도
삶의 희망도 놓아, 이미
바람으로 흐르는 영혼

초저녁
빈 가지에 걸린 달
홀로 외롭다.

7층과 8층 사이

팔 층 베란다에 널린 이불
삼월 햇살에 눈부시다.

철저히 차단된 공간으로 숨어야 하는 황폐함
가슴을 늘 부정맥으로 뛰게 하고
세 살 발걸음 천둥소리로 들려
우주의 질서를 파괴라도 하는지
한 번도 해방되지 못한 마음, 홀로
서른두 평에 가두다
7층 할머니

소중한 건 무릇 평범한 것.
물주고 정성들인 화초, 사랑의 정도에 따라
꽃 피우고 향기를 머금게 하는 평범한 진리
숨은 그림 찾기 할 때의 희열처럼
4대 여덟 식구 어우러진 삶에서
자유, 희망을 꿈꾸게 하는
8층 할머니

눈부신 삼월 햇살을 등지고
우울해 보이는 코발트 빛 얼굴로 찾아와
베란다를 가린 한 줌 햇살을 탓한
벽이 느껴지는 말과 그 시선
반신불수 의지 하나로 일깨워
봄바다에서 금방 건져 올린 바람 같다며
햇살에 널던 얼굴이 스치는 것은....

상처와 싸워 본 사람이
자기 자신을 사랑하는 사람만이 남도
사랑할 수 있으리
7층과 8층 사이 걸린 새하얀 이불
부정과 긍정을 가른다.

기억의 부재

땅바닥에 눌어붙어
까맣게 변한 버려진 껌
모양과 색깔 형체 알 수 없어, 이젠
땅의 일부 되었어도
좌표 없는 시간 속 헤매다 의미심장한
비밀의 냄새가 날 때는 서로
닿지 않는 시간이
소리 없이 지나간 걸 안다
마음은 영혼과 닿아있어
종이에 긁히는 연필처럼
살아있는 내내
늘 푸르고 아파
그리워 목이 마를 땐
그만큼의 자리를 비워두어야 한다
보이지 않을 끈 타고 올
텔레파시를 위해.

진혼곡. 2

오늘 하루는
오래전 잃어버린 소중한 것들을 애도하는 시간

생은 백 년도 못되는데
늘, 천년의 시름을 품고
운명은 일상 속에
갑작스레 끼어드는 무서운 복병
새벽이 오기 전
어둠이 가장 깊었던 것을
해가 뜨고 해가 질 때마다
하루는 하루씩 부스러짐을 알았어도
어둠이 내려앉은 거리를
홀로 지켜보는 것은
이토록 가슴 시리단 것을
아!
나는 너무 늦게야 알았다

하릴없는 기다림에 마침표를 찍고
다섯 손가락 끝을 잘라
핏물 오선을 그려
혼자라도 외롭지 않을 밤에 울어보리라
한치의 여과 없이 고스란히 내 주었던
순수하기 그지없는 그 감정
선명하게 남겨진
수많은 추억의 발자욱 더듬으며

소명(召命)

주치의 명령에 오롯이 몸을 뉘어보나 믿음 부족인지, 약의 내성 탓인지 처방전만 내 뱃속에서 깊은 잠에 빠져버리고, 시간이 갈수록 정신은 비 개인 오후처럼 맑아지며 신경은 안나푸르나 꼭대기처럼 곤두서서 모든 감각이 저린 아픔, 아린 통증으로 매일 밤 출항하는 순항선에 오르고야 만다. 아! 어김없는 이 불면의 미로

오.블.리.비.아.테!
기억을 지우는 주문을 외자
오늘만이라도
불안, 초조, 우울, 나의 정체성을 동반한 강박감을 잊자
불확실한 미래를 자유로울 수 있게

드넓은 수평선을 우뚝 딛고 일어선 태양이 바다의 잔물결들을 광활한 사막처럼 노랗게 물들일 때, 밤새 헤아린 양떼들, 알약의 배설물에 뒤섞인 숫자들과 벽지로 도배한 국어사전속 낱말들과 어휘, 부호를 도열해 길고 긴 밤을 곧추세우다. 잠이 쏟아진다. 마침내

* 오블리비아테 – 해리포터에서 나오는 기억상실이라는 뜻

제2부

위험한 수작

위험한 수작

뒤틀린 인연은
마침내 자각을 끝낸 남자와
미처 상상도 못한 여자를 토해내다

밤꽃 피는 보름날
청상과부 밤마실 보내지 마라!
옛말 그른 것 있으랴

현실적인 판단의 잣대 없이
속절없이 흘려버린 6년 세월
그것은 사랑을 포장한 옷의 크기였지
진실을 담은 마음의 크기는 아니었다

아!
뒤돌아볼 추억조차 없는 삶
아무리 삭막해도
꽃이야
지는 서러움에도 아름다운걸!

청춘을 마셔라
네 가슴속에 밤꽃이 필 때면

불륜. 1

젖은 우듬지처럼
아뜩한 꿈속 같아
사랑과 미움과의 경계, 늘
불분명한 장애를 앓고
맞지 않은 퍼즐
깨져버린 꿈 조각에 미련한 마음만 베다
되돌리지 못할 길 어긋났을지라도
생애 숨어있는 날카로운 예각
풋설게 사무친
이루지 못할 감정은 반드시 접어야 한다

너덜너덜해진 인연의 고리
절망에 젖은 목소리가
사포처럼 까칠하게 들려도
궁금하다고 뚜껑을 열어 볼 수 있는
인형이 아닌 것을.

불륜. 2

사방에 흩날리는 허울
티끌 되어
쾌락은 늘 짧기만 하다
독처럼 짙게 풍기는 매력의 유예기간
얼마나 위험한가!
흔히
사랑의 수식어는
인생을 빛나게 해주는
조명장치에 불과 한 것.
부부란 영원한 평행선
일심동체란 화합을 요구하는 명령어
자의 반 타의 반 유기하듯 버려진
생경한 갈등
어쩌겠는가. 인생은 뒤틀림의 연속선
과거의 악연에 묶여
엷어진 밤을 홑청 가르듯
두 갈래로 쫙 가르는 마음의 소리.

불륜. 3

의식의 벽을 넘어
방종인 일탈의 자유
끝을 향해 내 달린 행보
배신의 전주곡

발칙한 욕망의 감촉
허덕이는 낯선 열정은
영혼의 울림 없는 농도 깊은 어둠
화마가 할퀸 타오른 욕정이 된
출렁이다 폭죽처럼 터져버린 위험수위

우리 마음속엔 항상 출렁이는
못이 하나 있다. 그 못은
너무나 작고 불안전해
미세한 입김에도 물결이 일곤 하는,

히스테리

불안으로 쥐어 짠
악마적인 즐거움
닥치는 대로 산을 넘고

의식의 가장 깊은 곳에 묻어둔
뿌리 깊은 원죄, 그
오만(傲慢)으로

벽을 넘어
소용돌이에 휘말린
주체하지 못한 감정.

심장은 메마른 분노를 구토하고
위선으로 포장된 웃음 뒤엔
상처입은 공허한 영혼.

빈집

너무나 조용해서
빛과 함께 굳어버린.

밤낮 가리잖고 울어대던 닭
뵈지도 않는 하늘을 향해 푸덕이던 기러기
나른하게 누워버린
공기의 움직임에 반란하던 누렁이조차
멈춰선 시간 속에 갇혀
자기 안으로 침잠하고
주인의 색채로 가득 채워진
상쾌하고 화창한 마당
기대와 불안이 얽힌 미묘한 눈빛으로
제 주인과의 거리를 잴 때
근심과 피곤이 두드리는 내 그림자
너희에게 줄 것은
4월의 빗물을 닮은 시 한 줄뿐!

내게 집은
앞을 내다볼 수 없는 미지의 영역
외로움이 아닌
예상치 못한 갈망으로
금지된 말과 행동을 벗어나
아! 생전 처음 느껴보는 자유로움
미증유의 발견

해고

필요에 따라 공간을 분할하듯
인간관계 일일이 분리할 수 있을까
영혼의 문, 닫히고
자물쇠가 찰칵 물려
겉창이 내려졌다 접근 금지령!

생각하며 바라는 대로
인생이 살아지는 건 아니지만
유리산을 오르는 기분
절박한 호기심으로
감정은 할복자살을 시도 중

부러진 방향표지판에
모래 인형 된 기분
최소한 일 초간 완전한 정적이 흐르고
영원과 찰나가 교차하는 시간
해고의 기준은 나이 순

부정할 수 없었던 슬픈 예감
노력해도 지는 해
잡을 수 없는 것이 진실
잃어버린 젊음을 애도하는
주인 잃은 신발 두 켤레.

(축 사망. 55세. 남은 자들의 서글픈 환호!)

사랑 오천 원어치
– 산나물과 함께 떠오른 어머니

달래 천원, 부추 천원
삶은 두릅 천원
취나물 무침 천원
산나물 무침 천원
덤으로,
기러기알 열 개
밑반찬 몇 통 챙겨
여행용 가방에 차곡차곡 넣는다
언젠가 내 엄마가 그랬듯

몰랐었다 그땐
손톱 밑의 흙만 보였지
갈라진 손등
헝클어진 머리카락 속
흰머리도 보이지 않았다
다만,
부끄럽게 가져갈 보따리만
커다랗게 보였을 뿐.

생각의 빈틈으로
비집고 나가는 젖은 목소리
도착하면 바로 냉장고에 넣어야 해
부추는 겉절이나 전 부쳐 먹고
취나물 산나물은 금방 먹어야 해
달래는 된장 끓이고…….

오늘,
내 어머니 여기 계신다.

진혼곡

– 바람이 되어 떠난 친구에게 바침

네가 떠났다.

내가 기억할 것
또 기억해야 할 유일한 것도 그것뿐

깊고도 어두웠던 마흔여섯 생애
밤마다 숨어들어 숨결을 앗은 병마에
이미 네 것이 아니었던 몸뚱어리
그 사실을 안다고 해서
절망을 제어할 수 있는 것은 아니지만
갈망의 끝은 어디인가

그저 한 원에서
매듭도 없이 흘러가고 흘러갈 뿐
어이하랴
6월에 뿌려진 장미의 분노

묻지 못한 수많은 질문
침묵을 에워싼 서러운 내 맘이
투명한 공기의 막을 뚫고 네게 닿을 땐
삶의 짐 털어내고
바람이, 햇빛이, 파도가 되어
시간 저편에서 자유롭기를

기다란 너의 그림자
그림자만큼 긴 나의 그리움.

초심(初心)

세월 속에 헛보낸
진부한 단어들의 나열

詩가 늙었다.

날카롭게 칼 갈고
미사여구로 치장해도
메마른 감성에 덧 입혀진
단어의 조각들

맛이
느낌이
황홀한 언어의 춤사위에
홀로 늙어버린 너

피돌기를 시키고
맥박을 곧추 세워
호흡에 기운을 넣는다
첫사랑의 설렘으로.

다시 태어나도 너의 사랑이고 싶다

운명을 피하려 비켜선 길이어도
필시 운명을 만나는 것처럼
미래를 여는 시간의 문 앞에 서면
이해도 통제도 없이
오늘은 존재하지 않는다

예기치 못한 자리에서 불쑥
돋아난 새 상처
피고름으로 썩어도
우연은 노력하는 사람에게 놓아주는
운명의 다리

언제나 계획을 어긋내는 인생
산술로는 불가능한 계산
모래시계를 수만 번 뒤집어
후다닥 바람처럼 지났으면
이 생을 훌쩍 넘어 다음 생 까지

남아 떠돌던 마음 자락
산산이 부서져 재가 되어도 다시
여자로 태어나
뫼비우스 고리처럼
영혼마저 몸살 앓을 너의 사랑이고 싶다

청춘을 파는 여자

햇살이 지상으로 내려앉기 전
바람의 탐욕스런 주먹이 그녀의 눈물과 한숨과
청춘을 할퀴고 갔다

세월이 갉아먹은
닳고 닳은 몸뚱이
마지막 남은 한 조각 꿈마저 마비시켜
삶에 그림자를 드리우고
사실의 표면을 넘어
그 이면을 볼 수 없는 오래된 절망마저
정오의 햇살 아래 자근자근 밟히다

인생은
눈으로 보고
손으로 만질 수 있는 것보다 훨씬 많은 것들이 있는지,
저 심연을 스쳐내는 해연(駭然)한 기운

그녀는 오늘도
청춘을
검은 봉지 속에 넣어 묶는다

머피의 법칙

욱신거리는 몸을 이끌고 집에 오니 대문이 열리지 않는다 단추 하나만 누르면 자동으로 열리는 문. 닫혀 있어도 누구나 열 수 있었던. 그래서 언제나 열릴 거라 생각했던 대문. 그게 오늘 나를 거부하고 열리지 않는다. 십여 분을 그렇게 말 없는 싸움을 하다가 하는 수 없이 헛간을 통해서 집에 들어와 확인하니 협박을 하던 검침 직원 기어이 전기선을 자르고 갔나 보다. 끌끌 헛웃음 흘리며 들어서는 댓돌 위 '8일부터 단수합니다.' 거역할 수 없는 붉은 글씨의 용지가 피를 뚝뚝 흘리며 처연하게 날 바라본다. 아! 이제는 끝장이로구나, 이 상황을 알리려는 순간 '이 전화는 고객의 요청으로 발신 정지중입니다.'

늘, 빈손이 무안하여 포도엑기스 한 박스와 몇 송이의 포도를 챙긴 가방은 나의 발걸음을 자꾸만 느리게 한다. 시골이라 제시간에 오지 않는 버스를 타려면 한 시간은 족히 일찍 나와 기다려야 하는데 그놈의 단수라는 말에 물 몇 동이 받아 놓고 오다 보니 조금 늦었나 보다. 양손의 짐 때문에 손을 흔들기도 전 무정한 버스는 떠나버리고 예매해놓은 기차표마저 허공에 날아가니 약속시간에 가긴 글렀다.

머릿속엔
나를 기다릴 껌껌한 집과
바삭 말라있을 풀, 나무, 푸성귀가 오락가락 눈에 밟혀 들고

일찍 좀 출발하지
무겁게 이런 것들은 왜 가져오누
친구의 무정한 말 한 마디

순간, 날카롭게 마비되는 어깨
들끓는 기혈
자기방어스위치가 머릿속에서 철저히 꺼지고 만다

황무지

추억은 복병처럼
시간 저편
칼날 같은 다리 앞에서
눈물바람으로 퍼부어질 비난을 삼킨다

너와 함께한 생
얼마나 남루하고 구구한 열정으로 포장된 헛것
저 짙은 눈 속에 깃든
망령의 그림자

내가 없으면 이제 네가 힘들 일도 없을 터
죽음을 닮은 바람만이
아무것도 남지 않은 내 맘을
짓밟으며 스쳐간다

부서진 희망과
굳게 다져진 절망에서
탈출하고 싶다
세상을 잊기 위해 신의 나라가 되어버린 곳

인연의 무게

생의 정점에서 환했던 시간도
두꺼운 백과사전 책갈피에서 떨어진
빛바랜 나뭇잎 한 장
그 격리의 기억처럼
질리게 아득한 것인가

운명을 거역한 죄
종이꽃처럼 짓밟힌 영혼
어쩌면 인연은
배에 부딪히는 저 물살과도 같아
커다란 파문을 일으키며 출렁이지만
결국 흔적 없이 사라지는 것

마지막 기차역에 내려
이제 갈 곳을 아는 것처럼
무거워진 나뭇잎을 하늘하늘 날려
그렇게 한 시절
빛나는 삶을 마감하는 나뭇잎처럼

스쳐 지나간 인연엔
오늘은 존재하지 않는다, 다만
변치 않을 약속이 있을 뿐

비익조(比翼鳥)

위험한 것은
마음을 베이는 것.

너 아니면
한 번의 날갯짓도
허망한 몸부림에 불과한
불구의 영혼

퇴색된 설움
한숨 속에 부서질 때
옆구리의 상처 너무 옅고
가슴의 화인 너무 붉다

시간의 양으로
가슴과 머리가 같은 방향으로 생각하며
때로, 바람 앞 촛불처럼
말이 쓸모없을 때

사랑은
영원한 현재 진행형.

평택역 노숙녀

기억 속 꿈의 잔해처럼
떨쳐 버릴 수 없는
평택역을 지나면 으레 떠오르는 잔상.
지인의 얼굴도 아니요
어느 시인이 노래한 시구(詩句)도 아니다

자신의 운명에
새로운 별이 깃들길 바랐을까
원색의 의상을 걸친 채
새빨간 립스틱을 칠하고
새하얀 분칠을 한
그녀 이름은 평택역 노숙녀

신이 버린 쓰레기가 아니다, 너는.
어쩌면 세상의 시간을
모두 소유하고 있는 자유인일지도

답을 몰라야 하는 경우도 있듯이
아침과 밤이 구분이 없는
보이는 것과 보이지 않는 것의 경계선상
나침반을 들여다본다
오래전 고칠 수 없이 고장 나버린.

夜來香
–달맞이꽃

까맣고 혼탁한
미혹의 어두운 밤
행복한 꿈 한 조각만이
시간을 거슬러

세상 모든 걸 잊는다 해도
잊을 수 없는 단 한 가지
가슴 깊이 남은
슬픈 달빛의 미소

가야할 길,
반드시 가야할 수밖에 없는
운명이라도
이토록 절절한 회한
사무치는 안타까움을 이 밤
첫 자락에 접어든
황혼녘의 눈망울이여

이제, 나의 꽃이 되어주오
나만을 위해 만개해주오.

생각이 깊으면 밤도 길다

누구나
인생에서 중요한 것을 잃고 나면
흔들리는 법

세상이, 운명이
나를 지목해 흔들어대며
목젖까지 설움 가득 차오르게 하는, 이
범람의 시간

해질 녘 빈들처럼 쓸쓸하고
버려진 듯, 무성하던 잎 떨어낸
겨울나무 빈 그루처럼 허허로운 직립
부서진 영혼의 이탈을 두려워하는,

밤은
미혹을 어둠 속에서
잠재우는 시간.

춘정(春情)

꽃 피면 잎 지고
잎 나면 꽃 지는
애끓는
상사화가 아니어도
진양조 시나위 가락으로
울어대는
때 이른 소쩍새의 슬픈 노래
듣는 밤이면
살아온 세월로 희어진
머리카락을 어이 원망하랴!
극에 달한 욕망의 날 위에선
누구나
보고 싶은 모습만 보는 걸

아서라, 춘풍아,
이미
심장에 떨어진
작은 씨앗을 어쩌리,
구름의 포옹에서 벗어난 달.

제3부

해빙

해빙. 1

지독한 아픔조차 파고들지 못해
일그러진 달
배낭처럼 매달려 홀로 뜨다

회색 낭떠러지에 핀 꽃
늘, 진땀을 쏟고
우울과 슬픔이 섞인 무기력한 분노
겨울밤에 내리는 눈보다 더
잠잠하게 은폐된 삶

흐르는 강에선 똑같은 물에
손을 두 번 담글 수 없듯
마음껍질을 깬다
망각의 여백 속에 묻어 두었던
내 꿈의 다락방 들여다보며

해빙. 2

가슴 속 갈망
깊은 우물을 파고
지나쳐 온 강을 건너도
번민의 파도에 일렁인 기억까진
막을 수는 없는가
새벽이 올 때까지
어둠이 지나가는 것을 지켜보긴
상상치도 못할 외로운 일
입김 한 번에
쓱 흩어져버릴 저녁나절 설핏한 노을마냥
쉬이 달랠 수 없는 목마름은
새벽 때를 잘못 만나 뛰쳐나온
무정한 정념
잔상만 남아 있던 꿈자리
비로써 선명해지는 아픔
깨어지네 모든 건.

해빙. 3

알을 깨고 나왔으면 좋겠다
이젠

담장 밑 꽃봉오리
바람도 없이 웅성웅성
작은 소요 일으키는데

무슨 수로
새색시의 요요함
눈가림할 수 있으리

상처 입은 영혼
외로운 마음 언저리 맴도는
젊은 날 대화

해빙. 4

결빙. 더 이상
부서질 것도 없는 파삭이는 영혼

분노의 화산 앞에
조각난 감정들 급격하게 휘돌아가고
수많은 물음표
날지 못하는 새떼 되어
파닥이는 심장을 쪼아댄다

선택의 연속일지라도 늘
'도 아니면 모' 만 있는 건 아닌 인생

빙산보다 훨씬
컸던 서로의 내면, 결국
빙산의 일각밖에 볼 수 없어
사시가 되어버린 삶
매듭을 풀 시간

아무 일 없이
아무 일 없는 듯 돌아오는 여명의 골목에서
아직 빛나고 있는 새벽달을 바라보며
나를 위해
나만을 위해 이제
아름답게 화장을 할 시간.

해빙. 5

그 경계 위에 누군가
일부러 새겨 둔 하나의 점처럼
사랑과 이별은
이성의 영역에 있는 건 아니다

옅어지는 노을 아래 먹물처럼
어둠이 서서히 젖어가듯
불신의 시간
켜켜이 쌓이다 보면
삶은 더 이상
한낱 거울에 비친 꽃이요
물속에 떠오른 달빛처럼
부질없는 짓

벽을 향해 가는
그치지 않는 발걸음에
한목숨 걸고
한 가지 선택해야 할 때
선택의 시간엔
마음의 소리에 귀 기울이길
길 끝에 누구나 떠날
항구가 있다

해빙. 6

등대도 보이지 않는
폭풍우 치는 망망대해
떠도는 난파선이 되어도
바람 속에 마음을 말려 결코
던져 버릴 수 없던 희망
혹여, 삶이란
다른 삶에서 있었던 동일한 사건들이
약간 다른 방식으로 반복되어지는 걸까
언제라도 열쇠의 입맞춤을 기다리며
열릴 준비자세인 자물쇠처럼
이름조차 붙일 수 없는
수백 개의 다른 감정들로
한순간,
한 생애 생각으로 가득 찬
신이 잠깐 간과한 시간
잊혀 진 봄이
햇빛을 받지 못하는 겨울을 갉아대고
가슴에 밤이 밀려들어 더 이상
아무것도 할 수 없다
간이역이다, 쉬어야겠다

해빙. 7

수평선 위의 아지랑이
얼룩이 되고
그 광활한 이미지를 가져와
나의 신세계를 만든다
자신으로 온전히 사랑받는 세상
누구나 추구하는 욕구를
발산할 수 있는 곳
내 마음속 모험가는
끝없는 탐험을 결코 멈추지 않는다
떨어지는 나뭇잎을 보면
바람 부는 방향 알 수 있어
시련은, 오래전 나의 전부였던
추종자마저 배반하고
별들은 놀라운 메시지를 발광시킨다
막 피어나기 시작한 달빛, 이른 저녁을 갈라
눈을 낮춰라, 마음을 꿰뚫어라
마음속 깊이 감춰 놓았던 오점 하나까지
다 맑게 씻겨나가는 그날
출항 명령을 들을 것이다, 신세계로 떠나
나와 화해할 수 있는 곳으로

해빙. 8

시간은 내게
다른 의미를 가져, 지금
낭만적인 세레나데에 굶주려있다

부적절한 시기
지금은 오전 10시 15분
조크를 할 시간은 아니지만

모든 경계와 시간을 분리하여
이성을 따르는 대신 가슴을 따르라
모호한 그것 마지막 남은 희망

상황은 변한다 늘
많은 사람이 갖고 싶어 하는
궁극적인 목표가 자유란 걸

나를 불확실하게 만드는 건
미래에 있다 내 내부에 있는
조금 긴 대화를 나눌

월영가(月影歌). 2

세상의 업은 꽃으로 피고
그 업의 회억 속
바람은 허명의 깃을 친다

여여한 풍광 속
분분하던 삶의 빛을 접듯
산 빛 어두운 해질 녘 강가
그림자로 머물 깊은 달그림자

하늘의 끝을 이어
스스로 낮추는 음영의 절개
그대, 낮춘 모습의 기품

붉은 외침의 끝
짙푸른
공명의 혼불을 사르는 널 본다
봄의 초입, 빈 가지 위

공중부양

뜬구름은 그저 흘러가
접힌 모퉁이까진 바라보지 못하지만
그 깊은 수렁
상처의 늪이라는 것은 기억한다
단순히 짧게
지나치는 소나기처럼
익명성이 보장된 회색도시
세상 모든 잊을 수 없는 것들
울렁증이라 이름 지어 마음껏 버리고픈
뻔뻔스런 심장을 습격하는
7월 햇살이 있다면
몽롱하게 풀어진 망각 속에 훌쩍
흘려보낸 무겁던 세월 허물 벗어
12층 마주한 푸른 산
마음껏 음미할 수 있으리!
달빛 옷으로 치장하고
방금 내린 새벽이슬로

미리 쓰는 유서
ㅡ 삶의 고백서

봄이 한창인 뜰에
목련이 시절을 놓고 숨졌다.
늘, 시들지 않는 나무로 서 있고 싶었는데
심술궂은 비바람, 밤새
꼭 아름다운 꽃잎만 떨어뜨리고 갔을까
이름 모를 풀도 거기 있었을 터
꽃처럼 바람에 꺾이지 않아도
그 휘어진 서글픔 안고 살았을진대
세월은 그렇게 영원을 만들지만
남은 시간이 짧아지는 게 아니라
서서히 채워가듯
삶의 무게도 점점 더 늘고 있었던 것을
불빛이 어두운 강물 속에 떨어져
수직의 춤을 추는가 흐느껴 우는가
고아처럼 버려질 슬픈
인생의 향기
승자도 패자도 없던 싸움
질긴 인연의 굴레
한바탕 굿판을 벌인 것 같은 지난 삶에
악수를 청하고
나, 이제 돌아가리라
해질 녘 강가에서
가슴으로 안을 수 있는 고요가
날 닮은 그림자로 서성이는 그곳.

진딧물

하얀 점으로 와
서리꽃으로 필 땐
한때, 너도 아름다운 꽃이었다

제멋대로 놀아나기 시작한
틈 사이로
정체를 엿보기 전까진

살에 박힌 굳은살처럼
내 일부가 된
견고하게 위장한 허위의 한 자락

선명하게 예고된 죽음 앞에
차마 어찌할 수 없는
저 악의 꽃!

톡 쏘는 양념이 필요할 때

본능이 생각을 앞질러
숨겨진 상처 헤집고
끼워 맞춘 어긋난 삶
산산이 부서진 진실에

고독은
삶의 일부처럼 따라붙어
세속적인 잣대에
검열되지 않은 감정

태양을 향해
무모하게 돌진한 영혼의 그림자
예정된 운명이라기엔
너무 질긴 불행의 사슬

지금은 오후 세 시
포기하기엔 너무 이른 시간
삶, 음식, 사랑
톡 쏘는 양념이 필요할 때다

떨이

마지노선 무너지다, 저녁 8시
약속이나 한 듯 여기저기서
할인이다 세일이다 떨이라고 외치는 소리
분명
아침엔 똑같이 꽃단장한 상품
늦은 시간 서로 다른 길을 가는 이들이
지천명 문턱을 넘어선
내 걸음을 반추하게 한다

이렇다 자랑할 것 없는
먼지처럼 부서질 것 같은
내 인생
신비를 조금은 남겨놔야 하리
어느 날 아침, 문득
낭비한 삶이라
아깝다는 생각 들지 않도록
거듭 초연한 단장하리
떨이 인생 되지 않게.

떠난 자가 남긴 이별

깨끗하고 순수하다는 건 얼마나 네게
잔인한 것인가. 밤새 오른 열
회복할 없는 수많은 골짜기를 마음속에 내고
여리디 여린 작은 몸뚱이
본능으로 엄마의 살 냄새를 찾아
낯선 골목을 목 놓아 헤맨다
아직은 알지 말거라
'엄마' 라는 이름을 버린 자를
자기 인생 찾겠다고 너무나 쉽게
떠나버린 그 누군가를

그냥 울어라.
작은 가슴에조차
못 다 채운 어미의 사랑, 갈증, 갈망을
모두 울음으로 태워버리려무나
새벽이 되고
언젠가는 날이 밝는단다.
지우지 못할 흔적이란 없는 것
공들여 쌓은 탑 위의 하늘처럼
속눈썹에 매달려 말라버린 눈물처럼
인생은 숭고한 것

깨끗하고 순수하다는 것은 얼마나 또
네게 행운인가. 이제
작은 아이야! 토해내지 못한 바람은 너 잘못이 아니란다
시간은 아픔을 다스리는 묘약
진한 그리움도 시간을 통과하면
죽을 것 같았던 아픔도 시간의 약효 앞엔 약해지지
마음껏 자라거라 마음에 멈춰선 10살을 벗어나
절망이냐
희망이냐!
오롯이 네가 선택하는 것임을.

*2010년 8월 15일 사랑하는 나의 조카에게

난파 혹은 표류

완전한 한 몸이다
서로에게 영혼을 맡기고 벌이는 게임

더 이상 시간은
일직선으로 흐르지 않고
절대적으로 옳은 것도
절대적으로 중요한 것도 내가 만든다
모든 것에 이유가 있다고
믿는 내게
저 장막에 가려진 지평선 뒤
어딘가에 오늘도
어떤 운명들이 결정지어지고
내일이면 또 다시 그
운명의 족쇄에서 풀려날지도 모르는 일

보이지 않아도
자신의 궤도를 이탈해선 안 되는
그날의 달을 찾아서
아직은 나 표류중이다
기막힌 사연을 갖고 난파선에 탄
7명의 동거인들과

제4부

죽은 시인의 사유

죽은 시인의 사유

절제와 광적인 흥분 사이
위태로운 그
경계선에 서면

너, 차갑고 잔혹한 말
가시처럼 머릿속에 박히고
끝나지 않을 아픔
무딘 칼날에도 서걱
가슴 한 자락 베이는 소리

잔소리, 과거로 향하는 문
먼저 연 사람이
닫아주길 기다리는 날
나를 향해 달려오는 미래
탈선열차가 아니길

일탈은 부끄럼이 아니라
자유라 외치며
절망의 끝에서 흔들리고 싶지 않다
바람에라도.

염원 (念願)

네 속에 담긴 기억
한 움큼 묶어
흩어지는 영혼 속에 각인해도

암흑 속에 갇혀
세월의 무게 뒤 숨어 낸 시간
심장이 그 두려움을 먼저 알아
한 줌으로 조여든다

세상의 눈을 닫아
내보일 수 없는 가슴으로 너를 보면
같은 무게의 절망을 삼킨다
깨부술 수 없는 창살
믿음의 경계를 지나,

내 마지막 붉은 그리움은
가져가지 마라.
모든 것이 하나의 순간을 위한
영혼의 분절이었다 해도

염원이 깊으면
하늘이 길을 열어
나를 네게 보내줄 것이니.

제2악장
– 스무 해 성년을 맞이하는 딸에게

모시 발 같이 고운 햇살이
불가능이 존재하지 않은 마법의 시간을 열어
열망하지만 잡을 수 없는
꿈과도 기적과도 같던
급류처럼 밀려드는 기억 속에 내려놓는다
1987년 2월 열이레
네가 고고성을 내지르던 그날

이제 내 인생에서
단 한 번
파격을 결행할 거다
현실이란 사실 아닌 관념이며
자신의 갈망이 만들어 낸 환상이라고
말해주면서

필요가 관습을 앞서
미처 표현하지 못한 감정들이 허공에서 맴돌고
터져 나오는 단어의 홍수 속에
미래는 수수께끼 같은 눈으로
세상을 바라보는 것이 아니라
과거의 연장선 위에 있다고

그래,
인생이란 언제나 낯선 것
확신할 수 있는 것은
한치 앞도 모른다는 것뿐
그림자 인생은 삶이 아니다
비록, 네게 지워진 세상의 무게가 버겁더라도
더 나은 삶의 씨앗을 위해
다급한 본능 뒤로 밀려나지 마라

기. 억. 하. 라.
네 인생의 지휘권은 네게 있다는 것을.

올가미
- 우울증

비운의 미로 속 고뇌의 삶
슬픔이 너무 깊어
소리조차 낼 수 없는 원망의 잔해들
자기 방어의 벽에 들어앉아
보이지 않은 문지방을 넘어
미지의 세계로 빠지면
의지와 사고의 손이 닿지 않은 영혼
기억의 문을 닫자 자신의 둘레에 장막 쳐
식어버린 심장을
어두운 기류
우울증이라는 이름으로
이 세상 모든 시간을 가둔다.

운명은
애초부터 계획을 하고 있었는가
면도날처럼 날카로운 통찰력과
구름 한 자락 걸쳐지지 않은 믿음
투명한 유리 속에 가둬
볼 수는 있어도 만질 순 없는, 감동 없는
검은 언어로 검은 질문을 던져
침묵의 대화만 흐르게 한다

손이 다가가면
잎을 화들짝 접어버리는
미모사처럼
감정이 안전한 수위를 넘어
정체성의 위기도 깨닫기 전
빠른 속도로 허물어진 고통스러운 촉수를
더는 들이대지 못하도록
끝없는 노예의 몸짓에서 벗어나
보고픈 모습으로 세상을 보자
죽은 자의 추억을 위해
우린 살아야 할 의무가 있잖은가
태양이 떠오를 때 누구의 도움도 필요치 않듯.

소문

짜장면집 남자가 죽다

긴 침묵에 잠겨있던 새벽
날카롭게 부르짖는 구급차 사이렌 소리에
대지를 뒤덮은 눈 위
흰 천에 둘러싸인 주검을 맞는
노름을 했단다
빚이 많은가 봐
숨겨 논 여자도 있다지. 아마
목숨 끊은 인 그렇다 치고
자식들과 마누라는 어쩌노!

빙 둘러선 사람들
비애의 늪에 잠겨 굳게 입 다물었지만
눈 위로 굴러가는 바스락대는 가랑잎들
바람결에
조잘조잘 잘도 속삭인다

듣자면 끝도 없는 씁쓸한 것들
잘려 가는 기억이
제구실하지 못하는 날
머릿속을 거치지 않고 튀어나가는 말처럼
10년 길들어 온 손 먼저 짜장면 집 향할 때
짜장면이 먹고 싶다
일주일 숙성된 반죽 같은
전화기 속 차진 목소리가
소문 뒤에 숨긴
버릴 수 없는 현실로 돌아오게 할지라도.

시간섬

차들이 다니지 않는 빌딩 숲
아스팔트 위엔
날마다 붉은 융단이 펼쳐진다
처서 지난 명징한 햇살
두어 평 돗자리에 몸을 뉘어
자르르 윤기 흐르는 고추
고추보다 더 익은 아낙의 얼굴
빛의 조작으로 빚는
하나의 환영
내 어머니 낯빛을 만난다
잃어버린 건 없다, 다만
그 시간 속에 이젠 살지 않을 뿐.

그 소리, 잠재우다

깊은 밤
술에 찌든 망가진 늑대
문을 두드린다

그런 날이면 어김없이
야수의 본능 되살아
상처 입은 처참한 울음 울고

독한 술과 타협한
의심으로 타는 불신의 나날
어긋나버린 삶의 조각으로
선택은 끝내 책임을 묻고

두려움은 서슬 퍼런 날 세워
전신 아리도록
재빨리 뛰쳐나온 아우성
내 배 긁아대는 섬칫한 소리

실 한 가닥 희망 걸고
힘겨운 길을 걸어간다, 늑대
너무 멀리 가버리지 않길 비는
그 소리, 잠들다

신종 바이러스

“우리 인절미를 드시면
집안이 화목하고
부부가 오백 년을 찰떡같이 살며
새해엔 좋은 일만 가득하다는
전설이 있답니다“

떡의 자존심을 걸고
희망과 행복을 판다는
구수한 입담으로 인절미를 파는
떡 가게 점원의 아름다운 멘트에
인절미는 날개돋친 듯
파랑새 되어
오가는 이들 마음을 전염시켜
미소의 감동을 창조한다

누군가의 가슴에
희망센서를 켜는 일
그리 어려운 건 아니다
웃음 바이러스
행복 바이러스라면
무한 신종바이러스가 생겨나고
감염되어도 좋을 일이다

만대루(晩對樓)에서

흐르는 강물에 벽을 세워
무엇도 없는 허공에 또 벽을 세우면
자유로이 하늘 나는 저 새
여전히 일곱 폭 병풍 속에 갇혀 있고
비단처럼 반들반들한 명주바람만
세월의 문지방 넘어
늦은 봄날 오후
만대루에 꾸벅인다

누가,
이 깨어있는 시간에
과거와 현재의 존재 구분치 못하랴만
형편없이 다양하지 못한
표현의 가난함만 한탄할 뿐
황공하옵게
큰대자로 누워 활개를 쳐봐도 난
편하지 않다 슬프게
거부당한 인간의 부류 때문에
호랑이가 그저 그 존재만으로도
백수의 제왕이라 했거늘.

*만대루(晩對樓) ―병산서원내의 건물
안동에서 약 30분 하회방면으로 가다 하회입구에서 6km 들어가면, 조선시대의 대표적인 유교 건축물로 알려져 있는 병산서원(사적 제260호)이 있다. 서애 류성룡을 기념하기 위해 세운 서원으로 존덕사, 입교당(立敎堂), 신문(神門), 전사청(典祀廳), 장판각(藏板閣), 동재(東齋), 서재(西齋), 만대루(晩對樓), 복례문(復禮門), 고직사(庫直舍) 등이 있다.

상실의 시대

인생에 다음이란 기회는 없다
지나간 기억만 고스란히 남을 뿐
정지된 생각의 회로 속
스틸사진 같은 기억만
진주처럼
헛된 희망을 품어
냉철하게 쌓아올린
이성의 탑을 무너뜨리고
말과 함께 쏟아
사르르 소리라도 날 것 같은 미소를 띠며
상실의 시간 위
묵은 심장이
무서운 속도로 뒤엉키며
과거로 회류하고 있다
이유 없는 도착도 아름다울 수 있을까
친구는 두 몸에 깃든
하나의 영혼이라고 말한 네게.

벗이 빚은 술

나를 술꾼이라 불러다오
술 없이 어디 되는 일 있던가
기쁜 일 슬픈 일 고단한 일에
내 벗 또한 술과 벗이니
그 벗 삼아 벗을 즐김이 어찌 기쁘지 않겠나
벗이 술이요 술이 곧 벗이라
울음소리로 빚고
정으로 꽃 지듯 빚은 술이니
어느 신선이 있어 이다지 맛좋은 술을 마실 수 있으랴

좌르르 사르르
정처럼 울음처럼 꽃 피어났다 지는 것처럼
술술 스리살짝 넘어가 내 몸 계곡 되어 흐르고
내 영혼 바다 되어 출렁이는 것을
내 살아, 오롯이 살아서
기러기발에 걸친 거문고 여섯 줄 뜯는 것이 원이었거늘
어이 하야
한 줄 만져보지 못함 원통한지고
님이여 임이시여,
내 천년만년 넘어 현을 뜯어 부르겠다 맹서하였건만
기러기 날고 님 목소리 메아리 없어도
백아의 거문고라도 빌려 그여이 울음으로 달래 보려오

나를 기억하사, 오늘
그대가 남긴 이 한잔 받으시고
만고를 넘고 천고를 넘어 나를 기다려 주오.

인연의 끈

한때는,
세상의 문을 닫고
삶이란 복잡한 거미줄에서 벗어나
눈물 없는
슬픔도 없는
그런 곳에 살고 싶었다
그러나 여과되지 않는 감정이
판도라의 상자를 열어
또다시 너와 나 사이엔
기억하고 있던 똑같은 긴장감이 흐른다
귀 기울일 새도 없이
움직이는 생각처럼
이젠
금지된 모험이
끈적거리는 욕망의 거미줄 속으로 걸어가는 걸
막을 수 없다
내일이라는 막연한 시간이
어둠 속에서 기다려도
너무 익숙해서 낯선
당신의 다정한 목소리 속에
예민한 내 영혼이
숨어 있는 한.

정리

신문지 위에 널어놓은 색 바랜 꽃잎
지난 벌초 때 따놓았음직한 영지버섯 두엇
무질서하게 엉켜있는 화분들
먼지를 뒤집어쓰고 앉아 다시
켜질 날을 기다리는 낡은 텔레비전
한쪽 구석을 차지한 늙은 호박 세 덩이

윙윙 요란하게
세월의 먼지와
적막함을 빨아들이는 청소기
귀뚜라미 몇 놈
숨죽이고 날 응시하고 있다

난 지금 무얼 하는가
무질서함 속의 속절없는 질서
주인들에겐 나만 이방인
마치 겉도는 손님처럼
어설프게 청소를 하다 홀리듯
내가 벗은 허물과 머리카락과 흔적을
들고 온 가방에 쓸어 담는다
눈가에 적셔졌던 추억과
이곳저곳에 베인 나의 기억마저도

고요 위로
귀뚜라미가 제 할 일 시작하고
적막은 다시 주인행세를 한다

울음소리

불면의 강에서 서성이다 비몽사몽 간
닭 울음소리가 들렸다
까마득한 태고적 기억의
공백기를 지나
무의식의 어디쯤 헤매고 있을 때,

손으로 만지면
잡힐 듯
진한 감정이 묻어나는 고고성에
상서로운 속삭임을 듣는다, 난
인간들 사는 이곳에서

결코 진실이
한 얼굴을 가지고 있지 않다는 걸,
언어를 알 리 없는 이들이 네 존재를 알까
천 년을 넘어 찾아온 인연의 줄
껍질 속에 들어 있는 진실.

존재의 값

알고 싶다
마음이 너로 최면 걸리지 않는 날.

여과 없이 흘러가는
날 선 감정
믿을 수 없는 시간을 건너뛰어
밤,
침묵,
정적 속으로 스며들고

죽음의 덫에 걸린 파리 한 마리,
파닥이는 날개
완벽한 무색무취의 언어
전력질주 오직
본능뿐
저 끊어진 낱말들 속 숨겨진 비밀을 파헤친다

시간을 안고 굴러 떨어진 사랑
눈 가리고 귀먹어
말을 잃은 실어증환자인지
대화의 행간조차 가늠치 못해 헉헉대며
마음이란 걸 계산하고 있다

게임 아웃

사랑을 저울에 달면 얼마나 나올까
세월의 때 묻어 허물어져 간.

언약

말로써
글로써는
가둘 수 없어

내 마음 가득 우주 속에 담갔다가
금향로 봉황새로
천년의 언약을 하다

가늘디가는 가락지 속에
너와 나의 부서지지 않는
영혼을 묶어

영원의 세월에도 변하지 않을
아름다운 우리들의 노래
우리들의 사랑

오늘도
네 손가락엔
천년의 세월이 머무른다

한 여름날 비망록

간절한 욕구는
그걸 해결할 수 있는 환각을
만들 뿐

심술궂은 변덕,
표현 못 할 정념의 혼란스러움으로
허망해지는
정체 모를 거센 충동

병적 호기심
신기루처럼 나타났다
안개처럼 사라진다

묻지 못해
각질이 되어 달라붙은
빛의 밝기만큼 진한 그림자가
아린 연민과 화염이었나!

진공포장 안
혼자만의 세상에 가두다
오 아 시 스 콤 플 렉 스
라 명명하여.

*오아시스 콤플렉스 :사막에서 목마른 사람이 물, 야자나무 그늘이 보인다고 착각하고 믿는 것.

서석지(瑞石池)

연당리 토담 고샅을 지나
고색창연한 대문을 들어서면
나무 한 그루
돌 하나에도
詩를 지어 노래한
아름다운 연못이 있다

마음 언저릴 너울대는
마모된 시간이 지나
한 겹 세월을 덧씌워
물결 없는 적막감만 흐르는 이곳

부유하던 정적
먼지와도 같이 내려앉을 무렵
향기 잃은 연화
옛 시절을 회상한다

무엇이 영원하다 노래하는가
그것은 일시적인
기억의 조각
고독은 소멸로 통하는 첫 번째 단계
흑백 TV 같은 행자목
홀로
세월 속에 늙어가고 있다.

*서석지(瑞石池) —경상북도 영양군 입암면 연당리에 있는 조선 중기의 연못과 정자. 중요민속자료 제108호. 이 정자는 정영방(鄭榮邦)이 1613년(광해군 5)에 축조하였다고 전한다.

폭염

느낌보다 강렬한
빛의 마술로
그물을 찢은 감각은
슬퍼하기엔 지쳐버린
껍데기만 남은
의지의 부재

화살처럼 시위에 재어진
풀려버린 봉인
의심 없는 절망
순도의 열망으로 꿰뚫어낸
바벨탑을 쌓는 수건
홀로 바쁘다.

설움을 마시다

사진 속의 당신은
아주 오래된
대화를 듣고 있다
십 년의 세월
홀로 돌린 인생의 수레바퀴
얼마나 너덜거리는지
말하지 않는다고 모를까만
바닥 없는 늪에
끌려가는 공허함으로
시간은 망각의 강에 버려지고
세월이 네게만 흘렀을까
홀로 가야할 길에
긴 외로움에 중독된 체
영혼을 소진시키는
지독히도 슬픈 청춘의 단상
인연의 사슬에 휘청이며
단 한 번 서툰 손짓으로도
수천 수만 조각날
지금 이 순간
서럽도록 만져보고 싶은
잃어버린 너의 웃음.

합평희비(合評喜悲)

날카로운 세 치 혀
예리한 판단에 얼어붙은 공기
파르르 떨리는 심장
詩의 영혼 깊은 곳
해부 당할 때
폐부를 찌르는 눈물로
가슴은 멍들고
시인의 영혼은 칼질당한다
어떤 낱말로 대신하든
지독한 열병으로 정열은 식고
시린 속 휘젓는 상실감
머릿속 피 솟구치는
불쾌하면서도 익숙한 아픔
나비가 되기 위해
허물을 벗는 고치처럼
마음의 빗장 열어
겸허한 진실이 말하는 소리에
귀 기울이면
음악 같은 선율 흐르고
맑은 옥타브
가벼워진 영혼
은쟁반 위 한 알의 금 사과로
다시 태어나는 눈부신 자태.

제5부

내게 가는 길이 없다

내게 가는 길이 없다

밤은 잃어버린 아침을 비난하고
겨울은 자신이 갈망하는
더위를 미워한다

꽃이 핀다 해서 모두
열매를 맺는 것이 아니 듯
방랑자가 모두 길 잃은 것도 아니리

인생이란 여행에
지친 길 위의 순례자

사는 것이
화살표만 따라가면 결론에 닿을 수 있는
그런 것이라도
이별하며 허비한 시간,
감정의 단절이 아닌
삶의 단절이라 알았을까

세월의 물결이 내 심장
휩쓸고 지나갈 때
내가 밟아야 할 길은 이미
발 앞에 놓여 있었다 다만
보이지 않았을 뿐

네게 가는 길이 없다

저기 길 모퉁이 돌아서면 또
낯선, 궤짝 속 앨범마냥
보관되어 있는 기억
다시는 돌아오지 않을 시절

하루의 추억을 지우기 위해서는
일 년의 시간도 부족하고
지상에서 단 한 번 주어지는
일생만큼이나 긴 하루하루

두터운 세월 속에 한숨짓는 그대여!
태양의 빛으로 살아갈 수밖에 없는 달은
어쩔 수 없이 태양을
사랑할 수밖에 없답니다

새벽바람 커튼처럼 흩날리고
가을빛 격랑에 타들어 가는
이 상실의 계절, 끝내
그리움이 날 죽게 할 것이므로

그 여자가 사는 법

내가 기억된 숫자로는 계산조차
어림잡을 수 없는 크기의 넓이에
징검다리 연휴 내내 고추모를 심었단다

주업과 본업이
구별되어 있지 않은 그녀,
10년의 세월
순간순간 밝은 빛이 흐르는
시간의 조각을 맞추며 살아 온 여자의
바지런한 역사

영원은 찰나가 이어져
형형색색 시간의 조각보를 완성하는 것
오늘도
자전거 페달을 힘차게 밟아
그녀, 시간을 쓰러뜨리며 달려나온다

내 어머니 같은
내 언니 같은
그녀, 60세 조리 보조원의 힘찬 세레모니

그 남자가 사는 법

꽃이 되어 부르라
식지 않는 삶의 열정이
용솟음쳐 꽃으로, 꽃으로
산하를 수놓는 열정으로 피어난
철쭉의 5월처럼

아직은 기억한다
청춘은 어디에서 어디로 흘러갔는지

피 끓는 젊음은 조국 위해
든든한 지킴이로 섰다가
비록, 제약회사 정문 붙박이
초라한 경비라는 이름으로 바뀌었어도

나는 그대의 젊은 날을 기억한다
그대 어깨에 찬란히 빛났던 금장의 영광을

그러니,
그대는 꽃으로 부르라
조국을 위해 피 끓여 피워놓은
저토록 붉은 철쭉이었노라고

시공을 초월해
영혼의 색채까지도
내 아버지모습,
내 오빠의 모습처럼

썩은 이를 뽑으며

공포와 기억 속 두려움
마취를 하고
수술대에 눕다, 아픔은
썩은 이가 아닌 지난날 추억

꽃송이도 아닌 널 언제까지 붙잡을까
바윗덩이보다 더한 무게로, 어둠은
마음에서 자라 무섭도록 깊어지고
수시로
창문을 비벼대는 비

운치 있는 찻집 마취제로 넣어
가져보지 못할 것에 대한
환상에 젖는다

곤충 날개가 바스러지는 소리
내 우주를 몽땅 부숴
소금 기둥이 되어 바람에 조금씩 깎여가도
오늘이 마지막이라고 생각하면 내일은 두렵지 않다
우리에겐 그래서 사랑할 기회가 있는 것이다

떠난 자가 남긴 이별. 2
- 사랑하는 나의 조카를 기리며

기억의 눈을 뜨면
가속되는 빗방울의 수직추락이
나의 회한을 씻고
추억은 인생에 비해 너무 길다

세상의 빛에서 소외된
외로움, 깊은 한숨 가슴에 내려앉아
오래된 서랍장처럼 덜컹거려도
내가 되돌아가야 할
텅 빈 길

시간이 모든 사람에게
다르게 흐르듯
불꽃처럼 강렬한 삶은 아니었어도
들꽃처럼 잔잔한 아름다운 삶이었음을.,

홍시와 어머니

어머니!
벚나무 잎이 감처럼 익어가요
어머니의 거친 손으로
따땃스럽게 쥐여주시던
단내 물씬거리던 감처럼 익어가요

어머니 고향에도 감은
여전히 익고 있나요
올해도
깊이를 알 수 없이 깊숙했던
커다란 독에 저를 위한
홍시를 넣어 두셨나요

어머니 기일에 마냥
벚나무에 달린 감만 쳐다보았어요
감처럼 익어가는 나뭇잎만
바라보다 저 감이 홍시가 되면
이젠 어머니 두 손에
슬그머니 드리고 싶어요

언제쯤 저 감이 익어서
어머니가 드실 수 있을까요
어머니가 계시지 않은 곳
감은 설익고
추억 속의 홍시로만
벚나무에서 익어가고 있어요 어머니!

권주가를 부르리
– 화순 적벽에 앉아

저 하늘에 낮달 흐르듯
적벽의 강물 위엔
변함없는 님의 노래 흐르네
세월을 저어 마주앉아
세상에 다시없을
권주가를 부르는 오늘, 나
취음선생이라도 되리니

무심한 바람아
잠시만 머물러 주려마
찬연한 물비늘에 한 수
저 푸른 부채 속에도 한 수
둘러친 병풍 여덟 폭에 한 수
한잔 권주가를 부르며
한 수 쓰려하네

다시 올 기약 위해
가신님 부르니
여기저기서 손 흔들며
모여드는 님들이로세
한 잔 또 한 잔 지난 세월 다시 올
세월 바람으로 엮어
술을 빚었네, 자! 한 잔

추우(秋雨)

구름이 몸을 풀고 있다

살아있는 것들은 홀로
몸을 풀면서 스스로를 순환시키며 존재시킨다
지금 구름의 몸 푸는 소리가
가없이 맑기만 하다 투둑 툭
가늘게 내리는 양수는 거름이 될 터이고
양질의 수목이 자랄 터
사람들의 걸음이 길 어귀
그쯤마다 걷다 뛰다 먼지처럼 쌓여
돌이 되면
다음 차례로 돌들이 몸을 풀 것이다
벚나무들도 곧 몸 풀 채비를 하고
곱다랗게 서있다 허물 벗듯 몸을 떨어
자신의 잉태를 스스로 자찬할 것임에
이 가을은
서러운 듯하면서도
쓸쓸한 듯하면서도
곧은 생성의 홀을 지켜내는
절대자의 외로움으로 서는 것이다

살아지다, 사라지다

하얀 거품처럼 감정이 발딱 일어서서
바람을 업고 달리기 시작하자
욕망은 벌써 갯바위가 되었다
바닷가 어느 구석
해오름으로
알몸을 드러내는 상처를 껴안기 위해
기꺼이 축축한 물기를 머금어
버섯구름 된 느닷없이 다가선 감성은
아가페를 낳게 하였고
세상에 피고 지는 꿈 조각처럼
문득 사라졌다가
한 점의 영상으로 벼락같이 덤볐다
솟대처럼 길게 난
길 위에서
몽상의 여러 갈래 길 열어놓고 시험하던
한 길을 가리키며 멈칫거린다
나의 선택이 옳은 지
이젠 등대에 불을 밝힐 시간.

秋情

나이가 들면
꽃향기도 기억으로
맡는다지만

푸르른 청춘은
너무 일찍
시들어버렸고

빛바랜 사진처럼
몇 컷만 남은
못 다 핀 사랑

그리움보다
애절한
가슴앓이로 뒹굴다

업

작년에 말려둔 시래기 한 쾌기
꽁꽁 언 꽁치 서너 마리
햇살아래 제 몸 태워 말린 태양초
잘 익은 된장 한 숟가락
펄펄 끓는 물에서 서로를
비벼대며 섞는 몸
저렇듯 얼마나 자기를 죽여야
또 다른 경이로운 맛으로 태어날까
내 속에 똬리 튼 아집
미련 연민 집착 따위를
이성의 냄비 속에 집어넣고
저토록 끓여보면 참 좋은
모양새로 거듭날 수 있을까
삶의 언저리에 서성대는
깨알 같은 깨달음이건만
깨치지 못한 내 안의 원죄, 유전죄, 자범죄
수수께끼 같은 사슬들로 얽히고설킨
상처와 치유와 행복과 사랑의 굴레들

가슴앓이

헤일 수 없는
열병에
몸의 피 끓어나면

몇 주째 괴롭히는
고통스런 감정
후회의 눈물로 빛바랜
흑백사진처럼 흐려진다

빛도 들지 않는 심연
그 어떤 힘으로도 막을 수 없는
빛이 존재한다는 사실
종소리의 무게로 돌아든
암흑의 휘장

제아무리 감춘 거짓
진실을 가릴 수 없듯
고독한 자유는 없으리
내 영혼에 말 걸어 속살대는
詩처럼 아름다운 노래가 있다면.

불면

온갖 상념에 자극을 받은 어설픈 감정은
독기를 내뿜는 꽃처럼
의심으로 팽배한 봉오리로 터져나고

보이는 것은
허상으로 빛나는 환영의 깊은 심해의 블루

네게 달려가는 생각의 말발굽 소리
얼음조각에 갇힌 채
무지개 같은 너의 사랑을 꺼내지 못하는 안타까움

어지러이 가라앉은 의식에
온몸의 진액을 빨려 바삭해진 나뭇잎처럼
홀로 허비한 시간

밤새 울려 퍼지던 쇼팽의 야상곡

후회와 비난
당혹스러움으로
찬연히 빛나는 아침 햇살도
미친 감정의 폭주를 차마 막지 못했다

상실

백 년 손님 와도 내놓지 않는다는
아시정구지를 봄이 다 가도록
아끼고 있다가
전화선 너머
메마른 감정선으로만 남아있는
너의 목소리 속에
왜 그것이 생각났을까

지난겨울
차갑고 공허한
비어 버린 심장을 뚫고 날아온
풀씨 하나
그 밭을 점령해버렸다
세상의 방법에 동의하지 않는
순수함으로 가식을 꿰뚫는
심연의 눈이 있을까
말끔하게 손질된 오늘 텃밭은
가시투성이 그 밭보다 더 아프게 날 찔러온다
사랑은
열망만으로는 꽃피울 수 없음을.

이순옥 시인의 시세계

자아성찰을 통해 본 사랑과 삶의 고뇌

문병란(시인. 전 조선대 교수)

이순옥 시인의 시세계

자아성찰을 통해 본 사랑과 삶의 고뇌

문병란(시인. 전 조선대 교수)

1.

태양을 모체로 하여 태어난 지구는 365일 그를 향한 공전 속에서 그 연모의 세월 천지현황으로 아롱지고 지구를 모체로 하여 태어난 달은 일월성신 별밭을 헤매어 일년 12개월, 그 반반을 밤과 낮으로 사랑을 수놓으며 그 달빛 그 님의 창가에 가서 자장가랑 세레나데랑 사랑꽃 바람꽃 피워 올올이 울음을 쌓아 견우, 직녀 그 사연처럼 설움을 엮어 왔을까.

월영. 달그림자, 자박자박 발자욱 소리 조심조심 밟으며 밤이면 밤마다 한숨보다 가늘게 수틀 속에 색실로 새기듯 사랑과 삶의 고뇌 밤이면 밤마다 피토해 우는 두견새의 사연이나 숨어서 몰래 간직해온 그 옛날 상사녀 실솔의 넋이듯 '월영가' 는 '하월가' 가 되고 그날에 못다 부른 노래 다시 한 번 달빛은 창문을 두드리며 밤 이슥하도록 너는 나를 울게만 하는 것인가.

친친 감겨 풀어낼 수 없는

비애
한 생애 눈물 가득
잔물결 출렁이는 달빛 아래 서면
서럽도록 엎디어
함께 흐느끼는 바람

어디로 가나
길어진 시간 아득해질 때까지
정처없는 허청걸음
아슴히 빛나며 눈물짓는
나의 별

잊자고 맹세해도
매듭 한 가닥 풀려
자꾸만 님 계시는 쪽으로
부등호가 모이면
손바닥에 뚜렷이 그어진
운명의 촉감을 움켜쥐고
모든 소망, 한 줄에 묶어 평안을 빌리라

_하월가 전반부 1.2.3연

심상치 않은 사랑의 기척, 무슨 비밀과도 같이 가슴 한켠에 속삭이는 이 밀애의 간곡한 속삭임은 무슨 비련의 서곡 프롤로그인가. 달빛을 무대의 조명으로 배려한 사랑의 로멘티스트, 굳이 화자의 성별을 따지면 산사의 여승처럼 무슨 정한이 이리도 사무칠까. 비취단장 그 아슴한 속삭임 친친 감겨 풀어낼 수 없는 비애, 비장..... 그래서 사랑은 핏빛 고뇌의 연소로 그 시작은 항상 비극일 수밖에 없는 것이다. '혼자인

나 싫어도/ 홀로일 수밖에 없는 이 밤/ 한 생애 폭삭 졸아든 어둠/ 방안에 부려놓고/ 내 생의 1차선, 밤길에 달려가면/ 그대 발 앞에 이를 수 없겠나// 삶이/ 예기치 않은 시련에 흔들려도/ 살아선 비익조/ 죽어선 연리지이길.[1]' _ 하월가 후반부 '자아성찰을 통해본 사랑과 삶의 고뇌.' 한 생애 사랑으로 점철된 그 여로의 첫 장을 펼쳐보는 사랑의 엿보기 그 숨겨진 고백이나 숨결 원앙침 베고 바드득 이를 갈던 일, 미녀의 가녀린 한숨이나마 수틀 속에 색실로 수놓듯 색과 형과 감각이 고물고물 아슴아슴 기척할지 모를 일이다. 모던포엠 신인상과 제3회 모던포엠 문학상 은상수상, 상은 사랑의 장식이든 그 무대배경이든 시인을 리얼리스트이기보다 로멘티스트로 시작하는 것이 섹스피어처럼 흥미진진할지 모른다. 만남이 결코 우연이 아니기에 '월영가' 의 단평으로 모던포엠 지면에서 만남이 있었다. 사랑의 어원일 가능성이 있는 '사량도' 사연이기 결코 낯설지 않은 언어 속에서 사랑가가 시작되어 '비익조' '연리지' 그 숙명이 벌써 비장조를 예고하고 있다. 월영 이순옥, 이름과 달리 작품만 보고선 화자의 성별마저 쉽지 않아 달그림자 밟으며 찾아올 사람은 신부인지 신랑인지 그 구분마저 쉽지는 않다. 유니섹스, 복장만 보고 모르듯이 어스름 달빛 조명 아래선 우리네 인생사가 희극인지 비극인지 아직 식별이 쉽지는 않다.

허공에 가면을 씌워
작렬하는 빛의 세상 차단해도
마음 깊숙한 곳
감춰놓은 고독은 어쩔 수 없다

---

1) 比翼鳥(화목의 표상인 상상의 새, 암컷과 수컷의 눈과 날개가 한 개씩이어서 언제나 깃을 가지런히 하고 함께 다님. 連理枝: 화목한 부부나 남녀사이를 지칭, 한 나무의 가지가 다른 나무의 가지에 맞닿아 결이 통함.

너무나 사람이 그리워
무작정 전철을 탔다는 어느 여인.
글이 글 같잖아 속이 상한다는
어느 시인의 푸념
보고파도 그리워도
이젠 기억 속의 사람이 되어버린
너!

심장은 비명을 지르며 부서져 가도
미소 지을 수밖에 없는
내 마음이 나를 속이고 있었던가
내가 내 마음을 속였던가

소리없는 봄의 통곡
_황사 전문

모노드라마의 독백처럼 창백하지만 첫 장면부터 황사가 낀다면 이 사랑은 자아의 객관화에 신경을 곤두세우고 있어도 통속적인 멜로드라마의 눈물이나 비장조를 빌어온 듯이 느껴진다. 소리 없는 봄의 통곡, 사랑의 무대로선 분명 별로이지만 삼한사온의 봄은 만남보다 이별이 더 어울릴지 모른다. '보고파도 그리워도' '기억 속의 사람이 되어버린 너!' 멜로드라마의 단골 메뉴이거나 재탕하는 다이얼로그 그 봄의 대사로선 상사귀 그것처럼 을시년스럽다. 더구나 '청계천 아리랑'은 최신 유행가처럼 이 비련의 분위기를 희화시키고 있다. '허기진 삶을 뒤돌아 본 인생은/ 기다리다 지친 세월 속 인연으로/ 기억되길 바라진 않는다/ 동전 한 닢 없어도/ 햇살 한 아름 그리움 한아름 있다면/ 사랑이란 이름으로 언제나/

찬란한 아침 햇살을 맞으리// 낙조가 아름답던 어느 간이역.' _청계천 아리랑 첫 연. 어떤 오페라의 간주곡처럼 인상 깊은 사랑의 막간 풍경이다. 사랑의 모티브는 돌연하게, 그러나 중간부에 가서는 비약과 연상 작용이 필요하다. 낭만적 연애시가 중간부분에 가서 이별이 온다든가 곡절이 생기면 시가 갑자기 산문이 되는 경우가 많다. '그래, 가을이라고 다 붉을 필요 없다/ 밤비 공간의 틀에 갇혀/ 속절없이 울어도/ 斜視의 마음으로 이어도를 볼 수 있다면/ 청계천 야경 속에도 아름다운 미래/ 등대를 찾을 수 있으리니' _ 청계천 아리랑 끝 연. 조명이 어둡긴 해도 사랑의 끝 장면으로 손색이 없다. 그 다음에 '홀로아리랑', '술을 마시는 이유'가 등장해도 무척 자연스럽지 않는가.

보고픈 마음뿐이었으리/ 한없는 외로움 탓이었던지/ 인생살이가 컵라면 하나로 만족한다면/ 왜 쓰디쓴 소주를 만들었을까 _ 술을 마시는 이유3 첫 연. 사랑의 무대는 바뀌어 어느 시정 거리의 목로주점, 항용 실연자의 첫 코스는 소주와 목로가 소도구로 적격일 것이다. '과거의 빗장을 열고/ 생각의 올가미에서 벗어나면/ 모든 것은/ 아픈 세월의 흔적' _술을 마시는 이유3 제2연. 소주의 효과는 즉발이다.

생각의 올가미에서 해방시켜 그 고뇌를 어느 정도 마취시켜 준다. 그러나 실연의 치유가 그것으로 가능했을까. 비너스는 갑자기 자학의 여신으로 바뀌어 소주를 독약으로 바꾸어 자살소동이라도. 그러나 사랑은 미수에 그칠 것이다. '이미/ 혀와 두뇌를 마비시켜/ 그 누구도 들여놓지 않았던 심장에 균열을 만들고/ 헤집고 파고들어/ 절박함과 아픔을 불어넣어버린 뒤// 사랑/ 우정/ 신의/ 그리고 회복할 수 없는 명예 앞에// 내일이라는/ 단어조차 생각하기 싫지만/ 하나의 여행 끝에는 새로운 여행이 기다리고 있듯이/ 끝없는 침묵과 마주앉은 지금/ 언젠가는/ 진실을 안주 삼아/ 한 잔 할 날도 있으리' _ 술을 마시는 이유4 끝 연. 사랑은 사람을 바보로 만들기 쉽지만 목로주점에서 길을 잃은 사랑의 몰골은 처량하다 할 것이다. '술' 언제부턴가 남성의 전유물은 아니다. 시적여성 화자에 '술'이 어울리지 않다는 관객의 불만은 여기서 사절하기로 한다. 그러므로 연작시 5~7은 건너뛰기로 한다.

사랑은
수많은 얼굴로 다가오지만
그것이 모두 참이 아니라고
고통과 비탄에 가득 차
눈물 빛깔로 외치던
소리 없는 애원만
파멸로 이끈 수레바퀴를 돌리고 있다
네 인생이 중단된 그곳에서

나의 마음이
고뇌와 삶의 파도에
수선할 시계처럼 끊임없이 해체돼도
비틀어 세상을 꼬집어 뜯을
위트만 있다면
내 그리움으로 바다는 춤을 추고
나의 소리 없는 욕구는 네게 닿으리라
_애끓는 그리움의 이름 사량도 전반부 1.2연

'思量'에서 '사랑'이 왔다는 어원은 한자 취미에서 왔을 터, 아무튼 사량도 전설은 사랑 이야기일시 분명하다. 경남 통영시 사량면에 있는 섬으로 한려해상공원 중간지점에 위치해 있다. 이 시에서 '난해성' 은 문제가 되지 않는다. 사랑의 곡절이란 단선보다 복합구성이 더 아기자기한 맛을 낸다. 나는 오히려 이 연애시, 사랑시에서 '심각미' 를 사고 싶다.

시콤새콤보다는 맵고 쓴맛이 더 어울릴 것이다. '어둠이 땅을 덮고 구름마저 달빛을 가려/ 이해되지도, 반갑지도, 희석되지도 않은/ 네게 향한 감정/ 소유할 수 없는 정열/ 지독한 열망에 대한 모든 것들은/ 언제나 터널 끝의 빛이 되길/ 모든 감정/ 봉해진 우주 속에 묻어둔다/ 언젠가/ 해가 떠오를 그곳, 그날까지.' _ 이 시의 끝 연. '하월(何月)' 달빛 아래서 시작된 사랑 청계천 야경을 거쳐 실연을 목로주점에서 겪고 경남 남해 통영 앞바다 사랑도 달빛 아래서 끝나는 사랑 3막극의 사랑의 스토리는 그런대로 아기자기하다. 이 시집의 성패나 관련된 사랑의 시편은 흥미와 심각성에서 합격점을 얻었다. 더구나 하월(何月)이 무슨 달이냐. 초승달이냐, 망월이냐, 그믐달이냐 그것은 각자의 상상력과 취미에 맡기고 여기서 잠깐 쉬어가는 시간을 마련하기로 한다.

2

'시는 본질적으로 아름답고 그 속성에 진실하다' (르네웰렉). 널리 알려진 이 시적 정의는 '아름다움' 을 '본질' 로 하고 그것이 '속성' 으로써 '진실' 에 뿌리를 두어야 함을 명시하고 있다. '아름다움(Beauty)' 과 '진실(Truth)' , 이 두 가지는 시의 내용이 지녀야 할 필수 조건이다. 반반이든 어느 쪽에 치우치든 아니, 그 두 요소 중 한 가지만 있다고 하여도 그 시는 하자가 없을 것이다. 그러나 시는 '감동' 이라는 중요한 기능과 효용성이 있다. 아무리 진실하여도 독자를 감동시키기 위해선 '정서적 형상화' '예술적 언어표현' 이 라는 예술적 장치가 필요하다. 정서화 시켜 감흥을 불러일으키지 않으면 감동이나 감화를 일으키지 않을 것이다. 정서란 칠정오욕(희로애락애오구)에서 나온다.[2] 인간사나 어떤 사물을 대할 때 직관에 의하여 여러 가지 감흥이 일어난다. 사랑(Love), 미움(Hate), 기쁨(Delight), 슬픔(Grief), 분노(Indignation), 찬미(Admiration), 존경(Veneration)등 8가지 정서가 있다. 슬픔도 세분하면 원한, 고독, 외로움, 우울, 향수, 허무, 무상, 연민 등 그 갈래는 한없을 것이다.

더구나 연민(Pity)과 사랑(Love)어떤 차이가 있는가. 사상과 본능적 감정 외에도 신에 가까이 가려는 영적 존재로서의 인간은 다른 동물과 달리 본능과 대뇌의 이성적 사유작용에 위한 고뇌로서 신에 접근하려는 제2의 창조자이다.[3]

사랑, 남녀의 성애를 에로스적 사랑, 신과 같은 영역에 의한 이념애를 아카페적 사랑이라고도 한다. 그러나 순수한 성애와 데카당트적 육체애 센슈얼리즘과 윤리적으로 성숙된 부부애 온갖 변태적 제 2의 성욕도 에로티시즘적 영역에서 예술적 미감이 되기도 하는 것이다.[4]

뒤틀린 인연은
마침내 자각을 끝낸 남자와
미처 상상도 못한 여자를 토해내다

밤꽃 피는 보름날

---

2) 情緖(Emotion)는 喜,怒,哀,樂,愛,惡,懼등 인간의 칠정오욕에서 나온다. 관념적 사상이나 마음 모든 사유작용이 반드시 정서로써 형상화 되어야 감흥이 일어난다. 대게 정서는 8가지로 분류한다.

3) 플라톤은 모방본능을 열등한 것으로 평가하고 Idea설을 주장하였다. 그는 철인 중심이 된 이상공화국에서 시인추방론을 주장했다. 모방자(Imitator)이고 비교육적이라 하였다.

4) 현대예술 특히 포스트모더니즘에선 Decadantism적 문학을 이어받은 색정적Sensualism이나Eroticism을 포르노그래피문학과 혼합하여 강조하고 대중적 야한 키취문학 취미도 강조한다.

청상과부 밤마실 보내지 마라!
옛말 그른 것 있으랴

현실적인 판단의 잣대 없이
속절없이 흘려버린 6년 세월
그것은 사랑을 포장한 옷의 크기였지
진실을 담은 마음의 크기는 아니었다
_위험한 수작 1.2.3연

밤꽃 피는 보름달과 과부의 상관관계 남자 없이 홀로 밤을 맞아하는 여인, 그 굶주린 섹스를 자극하는 밤꽃 향기(흔히 남자의 정액 내음을 풍긴다고 한다) 육욕에의 갈구 제목 그대로 위험한 수작 보들레르적 탐미적 섹스 '악 의 꽃' 의 데카당 계열의 진한 연정이다. 위험한 수작이 아니라 강렬한 육욕의 향기이다.[5]

젖은 우듬지처럼
아뜩한 꿈속 같아
사랑과 미움과의 경계, 늘
불분명한 장애를 앓고
맞지 않은 퍼즐
깨져버린 꿈 조각에 미련한 마음만 베다
되돌리지 못할 길 어긋났을지라도
생애 숨어있는 날카로운 예각
풋설게 사무친

---

5) D.H 로렌스의 '차타레부인의 사랑' 20세기의 성소설은 오랜 금기의 책 성적자유나 그 육욕의 정당성을 미화시켜 그의 조국 영국에선 영구금서가 되었으나 미국에서 간행 전 세계에 소개되었다

이루지 못할 감정은 반드시 접어야 한다

너덜너덜해진 인연의 고리
절망에 젖은 목소리가
사포처럼 까칠하게 들려도
궁금하다고 뚜껑을 열어 볼 수 있는
인형이 아닌 것을.

_ 불륜. 1 전문

성폭행은 법률이나 언론의 용어이다. 남녀는 항상 예감한다. 자아의 성폭행 가능성을, 그러기에 간통이 화간이냐 폭행이냐 그 경계는 매우 애매하다. 꽃이 피어 있는 것은 그 생식기[6] 안으로 벌나비를 끌어들이려 유혹하는 것이다. 끝없이 유혹당하기를 갈망하는 꽃처럼 두 청춘 남녀는 항상 연애나 성범죄 사이에서 아슬아슬한 퍼즐게임을 벌이고 있는 것이다. 불륜을 보는 법관과 시인의 잣대는 근본적으로 다르다.

사방에 흩날리는 허울
티끌 되어
쾌락은 늘 짧기만 하다
독처럼 짙게 풍기는 매력의 유예기간
얼마나 위험한가!
흔히
사랑의 수식어는
인생을 빛나게 해주는

6) 꽃은 그 자체가 생식기관이다. 암술과 수술이 있는 화관 화방 꽃잎이 바로 벌나비에 의해 수정되어 열매가 맺히는 것이다. 사람은 생식기관을 恥部라하여 가리고 다닌다.

조명장치에 불과 한 것.
부부란 영원한 평행선
일심동체란 화합을 요구하는 명령어
자의 반 타의 반 유기하듯 버려진
생경한 갈등
어쩌겠는가. 인생은 뒤틀림의 연속선
과거의 악연에 묶여
엳어진 밤을 홑청 가르듯
두 갈래로 쫙 가르는 마음의 소리.

_불륜. 2 전문

부부애의 위험신호가 곧 불륜, 불륜 앞에 노출된 현대인의 위기가 바로 가정과 부부란 도덕적 올가미가 아닐까.[7]

불안으로 쥐어 짠
악마적인 즐거움
닥치는 대로 산을 넘고

의식의 가장 깊은 곳에 묻어둔
뿌리 깊은 원죄, 그
오만(傲慢)으로

벽을 넘어
소용돌이에 휘말린
주체하지 못한 감정.

---

7) 문학에서 도덕(Moral)이란 상대적인 것이지 절대적인 것은 아니다. 삼강오륜은 당대에선 최고의 진리이지만 지금은 완화되었거나 도덕적 기준은 아니다. 인간성이나 진실이 바로 윤리성이다.

심장은 메마른 분노를 구토하고
위선으로 포장된 웃음 뒤엔
상처입은 공허한 영혼.

_히스테리 전문

현대인의 애정윤리는 이미 병리학적 타락으로 현대판 아담과 이브의 탈선은 정신분석학적 히스테리 연구로 전락하고 있음을 보여주고 있다.[8] 남녀 공히 쌍벌죄 제비 기르는 외도와 정도는 성윤리의 표류를 목도하게 된다. 그래서 원죄는 영원히 구원할 수 없는 사랑의 상실로 나타나고 있다. 보들레르의 '악의 꽃'은 그 죄악의 고발이었고 현대문명의 타락을 예고했던 것이다.[9]

위기의 시대, 위기의 인간, 그러나 반전은 역시 다시 사랑을 찾는 대결의식, 인간회복을 위한 새로운 싸움만이 삶의 고뇌를 극복하는 길이 아니었을까.

달래 천원, 부추 천원
삶은 두릅 천원
취나물 무침 천원
산나물 무침 천원
덤으로,
기러기알 열 개

---

8) 현대의 심리학자인 프로이드는 '꿈의 해석', '정신 분석학'을 적용하여 예술의 비평을 꾀하였다. 모든 사물이나 문학적 표현 속에는 인간의 성적욕구가 잠재되었거나 변용되어 있다고 주장했다.

9) 보들레르는 '악의 꽃'의 정당성을 입증하기 위해 인간의 타락은 이미 原罪(Original sin)에서 전해진 창조주의 업보로써 '타락' 그 자체는 인간의 잘못이나 죄악이 아니라고 보았다. 아편, 포도주, 섹스의 탐욕을 정당하다 찬양도 했다.

밑반찬 몇 통 챙겨
여행용 가방에 차곡차곡 넣는다
언젠가 내 엄마가 그랬듯
_ 사랑 오천 원어치 _ 산나물과 함께 떠오른 어머니 1연

오천 원어치의 사랑 속에서 어머니를 재확인하고 마치 집을 나간 노라가[10] 다시 집으로 돌아가듯 자유연애 프리섹스의 보봐리부인[11] 어머니가 되어 밑반찬과 함께 귀가하는 것이다. 집을 나간 사랑의 귀가, 여기에 현대시의 새로운 사랑과 삶의 고뇌가 있다.

세월 속에 헛보낸
진부한 단어들의 나열

詩가 늙었다.

날카롭게 칼 갈고
미사여구로 치장해도
메마른 감성에 덫 입혀진
단어의 조각들

맛이

---

10) 입센의 경향극 '인형의 집'의 여주인공. 그는 남성의 권위와 도덕률, 아버지와 남편의 인형임을 거부하고 집을 나간다. 여기서는 그 집을 나간 노라가 다시 귀가한 것으로 논조를 삼았다.
11) 프랑스의 작가 프로베르의 예술적 사실주의 소설의 여주인공, 그는 늙은 의사 보봐리의 후처로 들어가나 그에게 만족할 수 없어 젊은 연인 귀족 출신 오입장이들과 놀아나다 가정을 거덜내고 자살한다. 이것은 시와 관계없이 가상적 스토리로 만들어 비유한 것이지 시인의 시나 삶과 전혀 관계가 없는 얘기다.

느낌이
황홀한 언어의 춤사위에
홀로 늙어버린 너

피돌기를 시키고
맥박을 곧추 세워
호흡에 기운을 넣는다
첫사랑의 설렘으로.

_초심 전문

첫 사랑의 회복, 무너진 가정을 일구고 아사녀는[12] 마침내 귀가함으로써 집을 나간 여인은 제자리를 복구한 것이다. '남아 떠돌던 마음 자락/ 산산이 부서져 재가 되어도 다시/ 여자로 태어나/ 뫼비우스 고리처럼/ 영혼마저 몸살 앓을 너의 사랑이고 싶다'_ 다시 태어나도 너의 사랑이고 싶다 끝연. 주지하다시피 실락원의 이브는 복락원에서 귀가함으로써 그의 방황과 고뇌는 승화되고 구원받는다.

시적 화자 이순옥 시인의 만만치 않은 사랑의 편력과 고뇌는 옆길도 있고 망설임과 터덕거림 심지어 술주정도 거쳤지만 오천 원어치 어머니 사랑 속에서 다시 귀가를 결심한 노라의 복귀에서 어머니로서 성숙을 보여준다.

뿐만 아니라 전래적 고전인 망부석 사랑 속에서 원형 회복이라는 사랑의 등식을 해결한다.[13]

영원히 여성적인 것이 인간을 구원하듯 영원히 시적인 것

---

12) 아사녀는 단군시대의 여성. 서양의 여인이 이브였다면 우리나라의 이브는 아사녀이다. 그의 짝은 아사달이었다. 환웅(하느님)과 웅녀의 신화나 비슷한 설화 속 여인이다.

13) 박제상이 일본 볼모로 갇혀 돌아오지 못하자 그의 부인이 일본 앞바다가 보이는 치술령에서 아이들과 기다리다 그대로 굳어 望夫石이 되었다는 전설이 있다.

이 현대인을 구원하는 것이다.[14]

3

방황과 고뇌 이어서 안정이라는 등식을 세워 노라의 귀가라는 내 나름의 귀결을 지었지만 시적 편력은 그다지 쉬워 보이진 않는다. 불확실성의 미래, 혼란한 이 시대에 시적 방황은 아직 끝나지 않았다. 그 증거로 3부의 해빙 연작시를 주목할 필요가 있다. '해빙' 이란 겨울이 가고 얼음이 녹으면서 봄이 올까말까 어려운 환절기이다. 시적 화자의 마음속에도 어떤 변화를 예감하는 해빙은 오고 있었을 것이다.

빙산보다 훨씬
컸던 서로의 내면, 결국
빙산의 일각밖에 볼 수 없어
사시가 되어버린 삶
매듭을 풀 시간

아무 일 없이
아무 일 없는 듯 돌아오는 여명의 골목에서
아직 빛나고 있는 새벽달을 바라보며
나를 위해
나만을 위해 이제
아름답게 화장을 할 시간.

_해빙. 4 _ 4.5연

집에 돌아왔지만 내부 정리가 아직 덜 되었던 것이다. 돌아

---

14) 영원히 여성적인 것이 남성을 구원한다는 말은 '파우스트(괴테)' 대단원의 합창에 담긴 내용이다. 모든 사내는 어머니가 낳았고 커서는 아내와 살면서 대를 잇는다. 그것이 구원이다.

오는 길목의 새벽달과 자신과의 조우(만남), 그리고 귀가를 위한 화장의 시간, 화해의 가능성은 충분하다.

시간은 내게
다른 의미를 가져, 지금
낭만적인 세레나데에 굶주려있다

부적절한 시기
지금은 오전 10시 15분
조크를 할 시간은 아니지만

모든 경계와 시간을 분리하여
이성을 따르는 대신 가슴을 따르라
모호한 그것 마지막 남은 희망

상황은 변한다 늘
많은 사람이 갖고 싶어 하는
궁극적인 목표가 자유란 걸

나를 불확실하게 만드는 건
미래에 있다 내 내부에 있는
조금 긴 대화를 나눌

_ 해빙. 8 전문

주지주의적 시인 T.S 엘리엇의 '프르프르크의 연가' 그것처럼 의식분열도 보이는 그 내면적 망설임, 갈등, 불확실성의 모호한 의식의 표명에서도 '이성을 따르는 대신 가슴을 따르라' 라고 스스로 다짐하고 명령한다. 그리하여 그는 자아의 노래 '월영가2' 로 귀환한다.

세상의 업은 꽃으로 피고
그 업의 회억 속
바람은 허명의 깃을 친다

여여한 풍광 속
분분하던 삶의 빛을 접듯
산 빛 어두운 해질 녘 강가
그림자로 머물 깊은 달그림자

하늘의 끝을 이어
스스로 낮추는 음영의 절개
그대, 낮춘 모습의 기품

붉은 외침의 끝
짙푸른
공명의 혼불을 사르는 널 본다
봄의 초입, 빈 가지 위

_월영가. 2 전문

달을 노래한 것이 아니라 자신의 내면적 자화상이다. 제1시집의 대표작, 표제작이며 자신의 자화상적 시이다.

이순옥이란 태생적 이름 뒤에 자신의 개성을 옷 입힌 필명 아호, 그 속에 자신을 객관화시켜 언어로 나타내었다. 더 이상 외출이나 방황은 없다. 봄의 초입, 빈가지 위의 달 그것이 바로 자신의 정갈한 모습인 것이다. '승자도 패자도 없던 싸움/ 질긴 인연의 굴레/ 한바탕 굿판을 벌인 것 같은 지난 삶에/ 악수를 청하고/ 나, 이제 돌아가리라/ 해질녘 강가에서/ 가슴으로 안을 수 있는 고요가/ 날 닮은 그림자로 서성이는 그곳.' _ 미리 쓰는 유서_ 삶의 고백서 끝 연. 일단 자기 정리가 끝난 후 미리 쓰는 유서를 통해 자아성찰의 기나긴 싸움을 끝낸다. 비장미의 압권이다. 인간은 날 때부터 죽을 때까지 싸운다. 싸움 그것이 곧 생존이고 삶이다. 만만치 않은 투쟁을 거쳐 생을 점지 받고 지상에서 생존권 인권을 누리고 존재를 영위한 것이다.

싸움치고는 너무도 대단하고 거룩한 싸움인 것이다. 그 투쟁보고서가 바로 이 시집이다. 너무도 생생하고 세세한 기록으로서 한 개인사이자 위대한 삶의 투쟁보고서이다. 5부작 시집의 원고를 일독하고 나서 무슨 말부터 어떻게 감상평 말문을 열어야 할지 여간 망설였다.

피나는 고독(전투) 흔적이 역력한 이 시를 읽고서 선불리 잠궈진 비밀의 집(시적화자의 심층세계) 엿보기가 쉽지 않기 때문이다. 더구나 요즈음 현대시의 특징인 난해성은 정신분석학까지 동원해야 들여다 볼 수 있는 밀폐된 세계이다. 그러나 독자에게 상당히 우호적인 이순옥 시인은 문을 열고 안내하는 경우도 있어 그 내면의 시인 월영(月影)과의 조우가 그다지 어렵지는 않았다.

이제 대단원의 막을 내리면서 작자와 독자 우정의 표시로서 '제2악장 _ 스무 해 성년을 맞이하는 딸에게' 주는 헌시로써 결미를 장식코자 한다.

모시 발 같이 고운 햇살이
불가능이 존재하지 않은 마법의 시간을 열어
열망하지만 잡을 수 없는
꿈과도 기적과도 같던

급류처럼 밀려드는 기억 속에 내려놓는다
1987년 2월 열이레
네가 고고성을 내지르던 그날

이제 내 인생에서
단 한 번
파격을 결행할 거다
현실이란 사실 아닌 관념이며
자신의 갈망이 만들어 낸 환상이라고
말해주면서

필요가 관습을 앞서
미처 표현하지 못한 감정들이 허공에서 맴돌고
터져 나오는 단어의 홍수 속에
미래는 수수께끼 같은 눈으로
세상을 바라보는 것이 아니라
과거의 연장선 위에 있다고

그래,
인생이란 언제나 낯선 것
확신할 수 있는 것은
한치 앞도 모른다는 것뿐
그림자 인생은 삶이 아니다
비록, 네게 지워진 세상의 무게가 버겁더라도
더 나은 삶의 씨앗을 위해
다급한 본능 뒤로 밀려나지 마라

기. 억. 하. 라.
네 인생의 지휘권은 네게 있다는 것을.
_제2악장 전문

스무 살 난 성년의 딸에게 완전독립(지휘권 이양)을 선언하고 있다. 자신이 자신의 노예가 되지 않고 자신의 주인 노릇을 하도록 확실하게 각인시켜 주는 어록이다. 자아성찰이 끝난 다음에 성년을 맞는 딸애의 독립권과 그의 자각된 성장의 아픔을 성숙으로 이끌어 주고 그 가족의 울타리를 단속하는 월영 시인의 앞날에 무궁한 발전 있길 빌면서 이 글을 마친다.

2012년 10월 4일

중추절에 서은문학연구소에서
서은 문병란 삼가 씀.

하월가 何月歌

인쇄	2012년 10월 30일
초판 1쇄 발행	2012년 11월 1일
지은이	이순옥
펴낸이	전형철
편집	모던포엠
웹디자인	김태완
펴낸곳	모던포엠 출판부 도서출판 **채운재**
후원	월간 모던포엠, 세계모던포엠작가회
주소	서울 중구 초동 155-1 덕양빌딩 505호
전화	02-704-3301
팩스	02-2268-3910
손전화	010-9184-5223
이메일	mopo64@hanmail.net
정가	10,000원